# 震災と語り

石井正己　編

三弥井書店

Contents

# 震災と語り

## 第二部　震災と語りに寄せて

＊テーマの重さが文体と深く関わることを考え、あえて統一しなかったところがあります。

寄稿

# 自然災害と荒ぶる神

小泉武栄

## 一　はじめに

二〇一一年は自然災害が異常に多い年だった。三月一一日の東日本大震災はいうまでもないが、他にも九州・新燃岳《しんもえだけ》の噴火、台風一二号と一五号がもたらした紀伊半島や東海地方の豪雨、新潟・福島豪雨、各地のゲリラ豪雨、年末からの豪雪など、日本列島は大きな自然災害に何回も見舞われた。そしてこれに人災である福島の原発事故が追い打ちをかけた。日本列島の自然は普段は豊かな恵みをもたらしてくれるが、その反面、ときには大きな災いをもたらす怖い存在であるということを改めて認識させられた一年だったといえよう。

## 二　地震の歴史から学ぶこと

日本列島の地震の歴史を繙くと、日本列島には地震が頻発する時期が、五〇年から八〇年ほどの間隔をおいてやって来る傾向が認められる。わが国は一九九五年の神戸の地震以来、活動期に入っており、特に二一世紀に入ってからは、中越地震を始めとして震度六を超える地震が毎年一回は起こるようになった。地学関係者は不安感を強めていたが、そこに昨年の巨大地震が発生したわけである。

一つ前の活動期は、太平洋戦争の末期頃で、一九四四年の東南海地震と四六年の南海地震の前後に、鳥取、三河、福井で大きな地震が起こっている。しかしその後、日本列島は静穏になり、戦後の復興から日本経済の高度成長期に大きな地震はなかった。この間の約五〇年、日本人はまことに運がよかったといえよう。

その前の活動期は一八九六年頃で、この年、明治三陸大津波と陸羽地震が起こり、翌年には宮城沖と三陸沖で地震が起きている。また一八九一年には濃尾地震が発生している。

そしてその一つ前の活動期は幕末の一八五四年前後で、この年、推定マグニチュード八・四の巨大地震・安政東海地震と安政南海地震が一日おいただけで連発し、翌年には安政江戸地震がおこるなど、一八五三年から五八年にかけて一〇個ほどの大地震が全国各地で発生している。

その前の活動期は、一七〇七年まで跳ぶ。この年の一〇月二八日、東南海、南海の二つの地震が同時に発生した（宝永地震）。この地震はマグニチュードが推定で八・四〜八・七と今回の巨大地震に匹敵する規模で、西日本の太平洋沿岸が津波で大きな被害を受けた。そしてその四九日後には富士山の宝永山が噴火する。その四年前の一七〇三年には元禄関東地震が起こっており、まさに天災の相次いだ時代であった。

このように大地震は忘れた頃にやってくるが、いったん起こると連続して発生する傾向のあることがよくわかる。宝永地震のようにエネルギーが出尽くしてしまえば、その後は安定期に入るのだが、これまでの地震の歴史から考えると、今回の地震の後もこれだけでは収まらない可能性が強い。今回の大地震によって東北・関東地方の太平洋岸は数メートル、東側に向けてずれ、その結果、東西圧縮の力が減少して、長野県栄村や福島県、岩手県などの内陸で大きな余震が発生した。しかし影響はこれに止まらず、近未来に関東地震や東海地震、東南海地震の起こる可能性はきわめて高い。

関東・東海で巨大地震が発生すれば、その被害が東日本大震災を上回ることは間違いない。たとえば東海地方に大地震と大津波が発生すれば、東海道新幹線も東海道線も東名高速道路もすべてが寸断されてしまう。その結果、人の動きや物の流通は大きく阻害され、経済は大混乱に陥るだろう。また浜岡原発は現在停止しているが、大地震に襲われれば、配管が損傷し原子炉の冷却機能が失われて、大津波を待たずにメルトダウンを起こす危険性が極めて高い。その場合、漏れた放射能は西風に乗って首都圏に達し、そこに住む三〇〇〇万人の人々から住居と食糧を奪うことになる。そうなればもはや避難する場所もなく、まさに日本壊滅である。

東京直下型地震が発生した場合も怖い。大正関東地震の時と違って車やガスなど激しく燃えるものが増え、火災は道路伝いに広がっていくから、その被害がどのくらいになるかそれこそ想像がつかない。また多数の高層ビルが想定通り強烈な振動に耐えてくれればいいが、本当に耐えられるか、心配が残る。また昨年の三月一一日には、東京は被災地でもないのに大量の帰宅難民が発生したが、実際に東京直下型地震や、関東地震あるいは東海地震が起こったら、帰宅難民どころではすまない。その混乱に政府も国民もいったいどう対処するのだろうか。誠に心配である。

## 三　日本の自然は本来「荒ぶる神」であった

東日本大震災の被害があまりにも大きかったために、私たちはその惨状に言葉を失ってしまったが、歴史的にみると、日本の自然は、元々地震や津波、火山の噴火、台風、洪水、高潮、山崩れ、地すべり、竜巻、冷害、旱魃《かんばつ》などで多数の人命を理不尽に奪い、財産を破壊する恐ろしい存在であった。昔の日本人はそれを「荒ぶる神」と呼んで畏怖し、かつ崇拝してきたのである。ただそれは日本の自然の一つの面であり、荒ぶる神は、反面で、地震や噴火、洪水などによって日本の国土を作り、農林業や水産業を通じて日本人に豊かな幸《さち》をもたらしてくれた。荒ぶる神は恵みの神でもあったのである。今回大きな被害を受けた三陸海岸は、優れた漁港と漁業資源に恵まれ、豊かで住みやすいところであった。だからこそたくさんの人が住み、過去に何回津波の被害を受けても、その都度町が復興してきたのである。

今回の震災では被害があまりにも大きかったため、破壊された町の再建にあたって、復旧ではなく復興をとか、山を削って町を移すべきだといった類の議論が飛び交っている。また政党は足を引っ張り合って、なかなか政策が決定できないでいる。しかしこの際、政府は任務を金を出すことに限定し、復旧計画の立案は地域の特性をよく知っている地元に任せるべきであろう。政府の計画は遅い上に制限が多すぎる。計画の遅れで被災者は苦しんでいる。瓦礫《がれき》の片付けを急ぎ、被災者が希望するなら、プレハブででもいいからまずかつての家の跡に落ち着く場所を作るべきである。そして漁業と流通経路を再建し、ある程度落ち着いた所で、今後に備えて避難路や避難用の高台、あるいは地下シェルターの建設などを考えるべきであろう。もちろん大きく地盤沈下して海面スレスレになってしまったような場所については、埋め立てなど別の方策が必要だし、放射能に汚染された地区についても別の手だてを考えなければならないが。

## 四　防災教育、災害教育と被害の伝承

今回の大震災を教訓に、防災教育、あるいは上で述べたような日本の自然の両面性についての教育の必要性はますます高まっている。たとえば今回の大地震の際、静岡県や和歌山県、高知県など太平洋に面する六県にも大津波警報が出たが、避難対象者のうち実際に避難したのはわずか二・五パーセントだったという（東京新聞二〇一一年四月一八日）。幸い到達した津波は小規模だったため、被害は出なかったが、それにしても低すぎる数値である。房総半島の飯岡《いいおか》（九十九里平野の東端にある港町、現在は旭市の一部）まで津波の被害が出ていることを考えると、危うかったとしかいいようがない。あまりにも警報が頻繁に出されるので、オオカミ少年のようになってしまったのかもしれないが、それにしても呑気すぎる。日本人は長い静穏期の間に津波の恐ろしさを忘れてしまったのであろう。

また原発はどこも技術を過信し、事故が起こってほしくないという願望がエスカレートして、事故は起こらない、だから住民に不安を与える避難訓練はしない、事故の際のマニュアルも必要ない、というように、安全とは逆の方向に進んでしまった。これは誠に愚かな行為であった。原発は停止していても決して安全ではない。したがって今後は、今回の震災を教訓に防災対策をたて、避難訓練を行い、事故

の際のマニュアル作りを行うことが先ず必要である。また次の地震が発生した時に国家全体としてどのように動くのかを考えておくことも必要である。これは個人レベルでも同様である。

また教育的なレベルでは、被害の状況を後世に伝えていくことが大切になる。三重県の熊野市では、一九四六年の昭和南海地震の際、福太郎というおじいさんが近くの小学校に駆け込み、「津波が来るから子どもを逃せ」と叫んで、子どもたちを避難させたという話が、市の副読本にまとめられ、教育に用いられている。このような事例は各地にあると思うが、震災の被災状況を広く聞き取り、それを文章にまとめ、できるだけ多くの事例を誰もが読めるような形にすることが望ましい。

なお自然災害は地震と津波だけではない。高潮、洪水、火山の噴火、山崩れ、雪害など、それぞれの地域ごとにさまざまな災害が起こり得る。二〇一一年度からの学習指導要領の改訂で、小学校の国語の教材に『稲むらの火』が入ることになった。これは防災教育としては望ましいことだが、日本の自然が荒ぶる神でもあり、また恵みの神でもあったという視点は入っていない。私は、さまざまな災害に対処するためには、日本の国土の成り立ちから理解することが大切だと考えている。

# 第一部
## 震災と語りのフォーラム

（2011年7月9日　東京学芸大学にて）

東日本大震災後の伊里前川
（宮城県南三陸町歌津町伊里前　川島秀一撮影　2010.6.29）

フォーラムと授業を実施するに当たっては、コカ・コーラ寄附講義関連プログラムの助成を受けました。

趣旨

# 震災と経世済民の思想

石井正己

## 一　日本列島における災害の多発と自然の二面性

今日は、「震災と語り」をテーマにフォーラムを開催いたします。このフォーラムは、コカ・コーラの教育環境財団が助成してくださって実施するものです。この財団の環境教育の支援によって、昨年は「昔話と環境」のフォーラムを開催し、昔話は環境教育の大事な素材になるのではないかと申し上げました。この秋に『昔話にまなぶ環境』として出版する予定で、その準備を進めております。

昨年も申し上げましたが、私は、環境について、自然環境はもちろん、家庭環境や社会環境まで含めた広い意味で考えたいと思います。自然環境だけを特化しても、人間が作ってきた文明や組織を考えなければ形骸化してしまうでしょう。今、環境は、理系と文系がそれぞれの学問を持ち寄って、社会に貢献すべき場所ではないかと思います。

この日本列島は、世界的に見ても非常に豊かな自然を持っています。美しい景観は山や川、海を総合したところに形成されてきました。ただし、美しい景観は、時に非常に厳しい姿を見せることがあります。日本の自然は慈母のような優しさと厳父のような厳しさという両面を持っているのです。日本の自然を考える場合、この両面を一体化してとらえなければならないと思います。

季節から言えば、夏から秋に襲来する台風によって、洪水や土砂崩れが毎年のように繰り返されます。気温が上がらないために冷害が起これば、凶作になります。さすがに近代になってから、飢饉・餓死への連鎖は克服されました。火山の噴火によって土石流や火山灰が発生することもあります。阪神・淡路大震災を引き合いに出すまでもなく、地震によって津波や火災が発生する場合があります。特に噴火や地震は現代の科学でも発生を予測することができません。

今、三月一一日に宮城県沖を震源とするマグニチュード九・〇の地震による東日本大震災が発生してから、間もなく四カ月になろうとしています。少し古くなりますが、六月一〇日のデータでは、死者一万五千人、行方不明者八千人、合わせると二万三千人になり、被害者九万人、失業者一二万人という数が出ております。

今回、これほど被害が拡大した背景には、平地に津波が深く進んだことがあります。仙台平野では五キロメートルまで浸入したと言われます。リアス式海岸では津波が非常に高くなりました。宮古市の姉《あね》吉《よし》では四〇メートルまで上がったとされます。東京近辺では浦安など多くの場所で液状化現象が起こりました。都心では帰宅困難者が多数出ました。それらにまして、福島第一原発の事故による放射性物質の拡散は今も深刻です。

この四カ月間、そういったことを見つめながら過ごし、今、私たちに何ができるのかを考えつづけました。もちろん義援金やボランティアがありますけれども、学者としてできる第三の可能性はないのかと考え、連休の前後にこのフォーラムを企画しました。まだ早いかとも考えましたが、急がなければならないという危機感の方が強くありました。

## 二　災害に対する経世済民の思想とユートピア思考

その時に私を動かしたのは経世済民の思想であり、これは柳田国男に学びました。経世済民というのは、世の中を治めて人びとの苦しみを救うことを意味します。エコノミーという英語の訳語が「経済」ですけれども、この経済は経世済民の「経」と「済」を取ったと言われます。ただし、意味はずいぶん変わっています。

あとで詳しく述べますが、このことに深くこだわったのが民俗学者の柳田国男です。幼いときに経験した飢饉の問題が原点にありました。そして、明治の大津波、大正の関東大震災は直接経験していませんが、発言があります。さらに、これはまったくの人災ですけれども、太平洋戦争があり、昭和一九年（一九四四）から翌年の『炭焼日記』は戦争体験記でもありました。柳田は常に時代を意識しながら生きてきたのだと思います。

柳田は昭和三四年（一九五九）の『故郷七十年』で、幼いときに「饑饉を絶滅しなければならない」という気持ちを抱いたことが、「民俗学の研究に導いた一つの動機ともいえる」と述べています。民俗学という学問は飢饉史の中から立ち上がってきたことになります。しかし、社会が安定期を迎えますと、学問そのものに気概がなくなります。その結果、学問のための学問になってしまい、だんだん社会から離れてしまったのではないかと思います。民俗学の資料はたくさん集まりましたけれども、図書館や研究室に埋もれてしまったという実状があることは否定できません。

ただし、私自身は、民俗学は未来を考えるために大事な学問だと思っています。懐かしい学問であるとも、必要がなくなった学問であるとも、まったく考えておりません。そうした点では、最もはっきりとした発言をしてきたという自負もあります。これまで大学で行ってきたフォーラムでも、民俗学が発見した昔話が現代とどう向き合えるのかということを繰り返し考えてきました。

柳田国男は亡くなる前の昭和三五年（一九六〇）に、「日本民俗学の頽廃を悲しむ」という講演を行っています。実学としての民俗学を強く考えていきたいと言っています。世の中に役に立たない学問はいらないと考えていたと思います。その後、民俗学は都市や現代に民俗の対象を拡大してきましたが、やはり延命策にしかなっていません。そうした学界だけの閉塞した議論ではなく、これを現代に向かって開いてみたいと思うわけです。

ただし、都市民俗学や現代民俗学の形成に深く関わったのは、一一年前に亡くなった宮田登でした。宮田さんには『終末観の民俗学』という本があり、冒頭に「災害のフォークロア」の一章が設けられています。宮田さんは感性の鋭い人で、洪水や凶作といった災害のフォークロアを取り上げ、喪失と快楽に触れます。誤解を招くといけませんが、災害の後、活況を呈するところに快楽を見るのです。そして、災害から世直しが行われるというユートピア思考にまで言及しています。

## 三　山口弥一郎が追究した高台移住失敗の要因

ただし、民俗学が災害と向き合ってきたかというと、そうではありませんでした。実際、東北歴史資料館編『三陸沿岸の漁村と漁業習俗』を見ても、津波の記述はわずかです。柳田国男や宮田登は、むしろ例外と言っていいほどです。民俗学は日常を重視しすぎたために、突発的に起こるような事件は等閑視したのです。ましてや、噴火や地震はいつ起こるのかわかりませんから、歴史学はともかく、民俗学は研究の対象としにくかったのです。

私自身は、五月九日の『東京新聞』に「津波と高台移住」という一文を書きました。山口弥一郎という人が三陸海岸の津波を研究し、人々の命を守りたいと考えた九〇年を越える生涯を書きました。私も平成七年(一九九五)に一度だけお目にかかりましたが、凛《りん》とした研究者で、我が道を行くというところがありました。

彼は地理学者でしたが、民俗学の造詣も深く、津波の研究を始めたときに、柳田国男から、「学術論文をいくら書いても、漁村の人が目にすることもなく、理解も難しい。命の救助を目指すなら、心やすく読めるものを書かなくては」と言われたそうです。ここにあるのは、間違いなく経世済民の思想です。そこでさらに調査を重ねて、昭和一八年(一九四三)に出したのが『津浪と村』という本でした。この本が六月二〇日に復刊できました。

津波のときには悲しい話がたくさんあります。今、吉村昭さんの『三陸海岸大津波』や山下文男さんの『哀史三陸大津波』がよく読まれています。しかし、『津浪と村』はそうした話に関心はなく、むしろ、人々のしたたかでたくましい復興を書いています。宮城県の牡鹿《おしか》半島から青森県の下北《しもきた》半島の集落を徒歩で訪ねて、まことに丹念な聞き書きを行っています。こんな調査をした人は他にありません。

そうして調べてみると、せっかく高台に移住した人が元の場所に戻ってしまう様子がしばしば見られました。集団移住ができればいいのですが、できないと分散移住になり、やがて元の場所に戻ってしまいます。なぜ人々はまた津波が来るにちがいない危険な場所に戻ってしまうのかということに心を痛めます。そうした問いかけの中から、彼の学問が始まったのです。

一方、津波のあとには新しい移住者がたくさん入ります。「津波のあとは旅の者で満たされる」という言葉もありますが、津波に限らず、関東大震災もまったく同じです。新しくやってきた人たちは津波の恐怖を知りませんので、浜辺で商売を始めます。彼らによって町が活況を呈してくると、いったん高台移住した人もそれに引かれて浜辺へ下りてしまうのです。やがて戦後に引きあげ者があると、故郷に帰っても住む場所がないので、海岸沿いに移住したということまで追跡しています。

確かに、高台に移住すれば安全であることは間違いありません。しかし、高台移住は簡単ではありません。漁民たちが海岸から離れたら生活しにくいことは言うまでもありません。いくら自動車が便利になったからといって、なかなかそうはいきません。不便に耐えかねた人が一気に海岸沿いに戻ってしまった背景には、やはり経済的な問題があるのです。

そして、山口さんがあげるもう一つは、先祖伝来の屋敷地への愛着が絶ちがたいという理由があります。浜辺に氏神や墓地を残したまま、高台から祭祀を続ければ、それが原地復帰の原因になると考えています。もう一つは信仰的な問題と言えましょう。経済的な問題にくらべて、こちらは見えにくいかもしれませんが、今でも先祖供養に象徴される信仰の果たす役割が看過できないことは、盆や正月の帰省を見ればわかるでしょう。

今回、浸水区域を国有化し、高台に移住させるということがすぐに出てきました。けれども、被災地は漁村ばかりでなく、商工業地域や田園地帯など広範囲に及んでいます。そうした条件の場所では、高台移住はうまくいかないだろうと思います。昭和八年（一九三三）の津波のとき、宮城・岩手両県は被災区域への集落再興を禁止しましたが、結局、うまくいきませんでした。しかし、うまくいかなかったとは決して言いませんから、今回も反省を抜きに復興が進むのですが、過去を無視したところに未来があるはずはありません。

## 四　進まない復興の危機と柳田国男が見た現実

今、復興が遅々として進まない状況が問題になっています。一方では、あわてて造った仮設住宅が余り気味になっているという無駄も出ていて、いろいろな矛盾が生じています。とにかく、やっとここまで来たかという感じですけれども、経済的な基礎を築くとか、住民感情を理解するとかいうことについては、まったく考えが及んでいません。

私はずいぶん地方を見てきましたが、行政が主導した町おこしが成功した例をほとんど知りません。失敗したと言わないためにそう認識されないだけで、明らかな失敗である場所は見ればすぐにわかります。専門的な知識がないからと、アドバイザーの援助を受けることもありますが、彼らは地域の抱えた実情を深く知りません。これまで地域振興が失敗してきた手法で震災の復興を図るのであれば、結果はすでに明らかでしょう。奇跡は絶対に起きません。

行政の主導ではなく、被災者の主体的な復興にならなければうまくいかないことは、『津浪と村』を読むとよくわかります。このままでいくと、震災で苦しんで、さらに復興で苦しむという二重苦に陥る可能性があります。政策に対して誰が責任を取るのかと言えば、結局、そこで暮らす人々の人生にのしかかってくるのです。

震災のあとの記録はたくさんあります。昭和八年の震災あとは宮城・岩手両県が記録を残しています。しかし、行政が作った記録は、自分たちの組織が機能したことだけを書いていて、人間が不在です。そうした記録はいくら読んでも役に立ちません。それでは人々の心を救えないことを考えてみるべきでしょう。

そんなときに思い出されるのは、柳田国男の『雪国の春』です。大正九年（一九二〇）の旅で「豆手帖から」を連載し、これを収録しています。その中の「二十五箇年後」は、明治二九年（一八九六）の津波のことを書いています。『遠野物語』の九九話にも、津波で妻子を亡くした男の話が出てきますので、津波のあとの関心が持続していたはずです。「豆手帖から」は『遠野物語』を見直す旅でもあったはずです。

その中で印象深いのは冒頭にある話で、唐桑半島の宿《しゆく》という集落では四〇戸足らずのうち一戸だけ残って、あとは津波で流されたそうです。悲劇的な哀話ですから、今度の震災でも、新聞などがこれを取り上げました。こうした話を新聞に書いたのはたぶん偶然ではなく、今の記者と近い関心が柳田にもあったのだと知られます。

ほとんどの人は読みませんし、新聞もまったく関心を持ちませんが、非常に重要なのは後半の次のような一節です。

もつと手短かに言へば金持は貧乏した。貧乏人は亡くした者を探すと称して、毎日々々浦から崎を歩き廻り、自分の物でも無いものを沢山に拾ひ集めて蔵《しま》つて置いた。元の主の手に復《かへ》る場合は甚だ少かつたさうである。恢復《くわいふく》と名づくべき事業は行はれ難かつた。智慧《ちゑ》のある人は臆病になつてしまつたと謂ふ。元の屋敷を見棄て丶高みへ上つた者は、其故にもうよほど以前から後悔をして居る。これに反して夙《つと》に経験を忘れ、又は其よりも食ふが大事だと、ずん〳〵浜辺近く出た者は、漁業にも商売にも大きな便宜を得て居る。或は又他処《よそ》から遣つて来て、委細構はず勝手な処に住む者も有つて、結局村落の形は元の如く、人の数も海嘯《つなみ》の前よりはずつと多い。

ここには高台移住、原地再興・原地復帰、新規移住というすべての問題がすでに出ています。三陸海岸を徒歩で旅した柳田国男には、この三つのパターンが見えていたのです。そうした経験があったので、山口さんの津波研究に対して適切な助言ができたのだと思います。

それにしても、高台移住は「後悔」につながり、原地再興・原地復帰は「便宜」を得ているという現実は重いはずです。新規の移住者が住む「勝手な処」は浜辺にちがいありません。こうしたことを言うと、「高台移住に反対するのか」と言う人があるかもしれません。しかし、その地域が商工業的な都市として発達していればいるほど、高台移住は困難です。高台で命の安全は保証できても、暮らしが成り立たなければ疲弊してゆくことは明らかです。理想が高ければ高いほど、精神的にも経済的にも負担が大きくなることを考えてみなければなりません。

## 五　関東大震災のハコモノ復興と柳田国男の批判

もう一つ柳田国男が見たのは、大正一二年（一九二三）の関東大震災のあとです。このとき、彼自身は国際連盟の委任統治委員の仕事でロンドンにいました。『故郷七十年』には、アメリカ経由で横浜に着いて、ひどく破壊された惨状を見て、「こんなことはしておられない」という気持ちになり、「本筋の学問のために起《た》つという決心をした」と語っています。ここにあるのも経世済民の思想です。

柳田の文章として、まったく取り上げられませんけれども、このあと柳田は朝日新聞社の論説委員になります。すぐに民俗学に動いたというより、新聞界で活動しようと考えたのです。論説は無署名ですので、柳田の文章としては躊躇があるかもしれませんが、そういう立場で書いたと見れば何の問題もありません。柳田は九月一日の震災記念日になると、繰り返し震災からの復興について書いているのです。「二十五箇年後」もそうでしたが、柳田の関心が復興にあったことは間違いありません。

例えば、二年後の大正一四年（一九二五）の「人間哀愁の日」には、「首都の文明人は二年の間、土くれ石くれの間に、仮初の日を送つて居たのである」とも、「二十何万のバラックに夜は電灯を点じても、粉飾し得たる所は僅かに低き前面のみであつて離々たる空地の雑草を除くの外、何物も根を生じて繁栄せんとするものは無く」などと書いています。後藤新平の手腕によって評価が高い関東大震災の復興も、見方を変えればこれが現実だったのです。

そして昭和三年（一九二八）の「多難孤立の都府」になると、「渡らぬ橋となり、あるいはごみの中の公園となるにおよんで」と批判し、「有りふれたる新市街を作りながら、復興こゝに成ると揚言するほどの大胆なる技術家等は、到底吾人の愛市運動の友では有り得ない」とまで書いています。スピード感があっても、住民の生活を考えないハコモノ行政の復興に対して、柳田国男は非常に冷やかに見ているのです。

さらに、昭和四年（一九二九）の「精神復興の前駆として」は、「満六年間の難戦苦闘をもつて、漸くのことで帝都の復興事業が、あら方完成の域に近づいたと報ぜられるのはうれしいが」と始まります。ところが、それは「物質的一側面だけの事」であり、「市民の精神生活もまた不幸なる傷害を受けて居たことは、却て歳月の経過につれて、始めて少しづつ感じられてくるのであるが、それはまだ今日の問題の外である」とします。ハコモノ行政で復興を考えて、精神の復興は度外視されていたのです。

　そうした視点に立って、現在の復興を見れば明らかなことは、スピード感もなければ、住民への理解もありません。被災地に限らず、社会はどんどん行政への依存を深めてきましたが、今はもうそこから抜け出せないほど深く染みついてしまっているように感じます。しかし、公的な支援は最低の条件を保障するだけです。行政に依存しない人ほど離村が進んでしまうことは明らかです。

　六月二三日の『朝日新聞』の記事には、「岩手で16件の建築確認」「自治体の防災策に影響」と見出しがあります。岩手県は津波の浸水区域の建築を禁止しましたが、二カ月後には建築確認を出しているわけです。行政は「白紙」から町づくりをしたいと考えているようですが、現実的ではありません。津波ですべてが流されたからと言って、それぞれの人生が「白紙」になったわけではないからです。これを機にできなかったことをやろうと言うのは、あまりに自己本位の考え方です。

　思えば、三陸海岸の人々はさまざまな海の恵みを受けて生きてきました。しかし、海は恵みをもたらすだけでなく、時に災害ももたらします。海難事故も少なくありません。そうした両面とつきあってきたのです。今回、政治家があわてて視察に行きましたが、ほとんどの人は三陸海岸の現実について、それまで心の片隅にも関心はなかったはずです。しかし、視察に行ってもそこにあるのは惨状だけで、それまでの生活は知りません。そうした観点で立てる復興案が机上のものにならざるをえないのは目に見えて明らかです。

## 六　防災に果たす石碑や口碑の役割を考えるべき

このフォーラムでの提案というのは、語るとか、聞くとかいうことは、復興はもちろん、今後の防災を考える上で非常に重要ではないかということです。

例えば、五月二六日の『読売新聞』夕刊の記事には、「津波伝承　住民救う」という見出しがあります。宮城県東松島市の宮戸島《みやとじま》で、「地蔵より高い所へ」という言い伝えを守って避難し、助かった人々の話が出ています。人口一〇〇〇人のうち、死んだり行方不明になったりした人は七人に止まったそうです。

民俗学には「石碑」と対照するように「口碑」という言葉がありますけれども、そうした言い伝えが重要で、それが命を守るということです。なぜ言い伝えが重要かというのは簡単です。津波の警報が出たときに、防災マニュアルを取り出して見るわけにはいかないからです。一瞬の判断は心の中に刻んでおかなければできません。

実は、海岸に住む人だけでなく、私どももいつ津波に遭うかはわかりません。平成一六年（二〇〇四）のスマトラ沖地震では、三〇万人近い人が亡くなっていますが、リゾート地を訪れていた外国人観光客がずいぶん含まれます。人の移動が激しくなればなるほど、災害に遭うリスクは高まっていくのです。

同じ紙面には、釜石市唐丹《とうに》町本郷の話が出てきます。ここでは、今回の震災で津波が一二〇〇戸の家屋に届かなかったので、新たな石碑を建て証拠にしたいと言っています。

『津浪と村』の中には、本郷のことが詳しく出てきます。明治二九年の津波で奥の庵寺一つを残して全戸流出、生存者は一五、六人、死者は一五、六〇〇人とされています。山沢鶴松という指導者が自分の畑地に移って、村人に移住を促しました。しかし、それがうまくいかず、浜を離れては生活ができない、先祖の祀りには元の屋敷がいいと言い、イカの大漁景気に沸くと人々は戻ってしまったのです。そのために、昭和八年の津波で一〇一戸が全滅、死者・行方不明者は三二五人になり、約半数の人が亡くなりました。山口さんは、古老がいなかったために失敗を繰り返したのではないかと言っています。その結果、人々は山腹に集団移転をして、今回の津波でも被害を免れることができたのです。

河田恵昭《かわたよしあき》さんが防災を専門とする立場から、「宮戸島のように古い教訓が口伝で残り、避難して助かった例は珍しく、体験の継承がいかに大事かを示した。ただ、継承内容が適切でなければ誤解を生むこともあり、学問的にも精査しながら残していくことが重要だ」とコメントしています。学問的な精査ならば、民俗学が関わるべき領域でしょう。

誤解を生んではいけないと思いますが、河田さんは「珍しく」とする点で、これを特殊な例と考え、口伝の重要性に対しては評価していないと思います。確かに、柳田国男も「二十五箇年後」で、珍しい話だけが残って、多くは年とともに消えていることを述べ、明治の津波記念碑も忘れられていることを書いています。柳田は「豆手帖から」の中に「古物保存」ということも書いていて、「石碑」を建てるのと同様に「口碑」が大切であることを説いています。民俗学はこの問題についてちゃんと答える義務があるでしょう。

## 七　「稲むらの火」の再評価と防災教育の可能性

教育の面で最近話題になっているのは、河田恵昭さんの「百年後のふるさとを守る」という教材です。光村図書出版の国語教科書に入った防災教育の教材と言えましょう。これについて、四月二六日の『朝日新聞』に、「被災した子どもの心を傷つけないか」と心配し、「代わりの教材も用意」という記事が出ています。

河田さんの文章は、実は国定教科書に採られた「稲むらの火」という教材を踏まえています。「稲むらの火」はもともと和歌山県の話で、それを元に小泉八雲が「生神」と題した小説を書きました。それは、安政元年（一八五四）の地震で、浜口梧陵《ごりょう》という人が村人を津波から救ったという実話にもとづいています。明治二九年、三陸の大津波があったのに刺激されて、八雲が書いたのではないかと言われています。

やがて、和歌山県日高郡南部尋常高等小学校教師の中井常蔵という人が、国定教科書の教材を公募したときに、「津浪美談」という作品を応募して、それが入選して採択されたのが「稲むらの火」です。小学校では昭和一二年（一九三七）度のサクラ読本からから二三年（一九四八）度のアサヒ読本終了まで国定教科書に入りました。伊藤和明さんの『津波防災を考える』に簡潔にまとめられていますし、早くは府川源一郎さんの『「稲むらの火」の文化史』の研究があります。

八雲の「生神」も「稲むらの火」も、浜口五兵衛という人が津波から村人を救ったところを主題にしています。しかし、河田さんの「百年後のふるさとを守る」では、それは前半にすぎません。後半には、村を捨てようとする村人たちを引き留めるために私財を投じて、堤を築いたという話が続きます。それは今で言えば、「防災事業と住民の生活援助を合わせて行ったことである」というのです。そして「自助の意識と共助の意識」がなければ、「震災後の真の再生は望めない」と結びます。

私も大賛成です。かつては、こういう浜口梧陵のような資産家が復興に尽力したのです。明治の大津波のときに山沢鶴松が集団移住を進めたことは既に述べましたが、三陸海岸の集落では、私財をなげうって再建に努力した人がいたことが明らかになっています。ところが、昭和八年になると、行政が深く関与しはじめます。すでに行政の指導が始まっていたのですが、今回はもっと大きな力を持っています。確かに公的な支援は必要ですが、内発的な復興を阻害するようでは本末転倒ではないかと感じますが、いかがでしょう。

今日は、このあと、和歌山県で生まれた矢部敦子さんが、ご家族から常々聞かされてきた「稲むらの火」を語ってくださいます。教科書の教材ではなく、矢部さんが実際に家庭で聞いてきたということは貴重です。和歌山県は南海地震の被害に遭った地域で、三陸海岸とともに、津波を意識しながら生きてきました。そんな話を披露してくださることになりましたので、語りの果たす可能性を一緒に考えてみたいと思います。

前座がちょっと長めになりました。どうもありがとうございました（拍手）。

【付記】

この講演では、しまなぎささんが送ってくださった資料をいくつか参考にしたところがあります。記して御礼を申し上げます。

【参考文献】


・石井正己編『昔話にまなぶ環境』三弥井書店、二〇一一年。
・石井正己・川島秀一編、山口弥一郎著『津浪と村』三弥井書店、二〇一一年、初出は一九四三年。
・伊藤和明著『津波防災を考える』岩波ブックレット、二〇〇五年。
・小宮豊隆編、寺田寅彦著『寺田寅彦随筆集　第五巻』岩波文庫、一九六三年改版。
・東北歴史資料館編『三陸沿岸の漁村と漁業習俗（上巻）（下巻）』東北歴史資料館、一九八四〜八五年。
・府川源一郎著『「稲むらの火」の文化史』久山社、一九九九年。
・宮田登著『終末観の民俗学』ちくま学芸文庫、一九九八年、初出は一九八七年。
・山下文男著『哀史三陸大津波』青磁社、一九八二年。
・吉村昭著『三陸海岸大津波』中公文庫、一九八四年、初出は一九七〇年。
・ラフカディオ・ハーン著、田代三千絵訳『日本の面影』角川文庫、一九五八年。

昔話

# 家族に聞いた「稲むらの火」

矢部敦子

「稲むらの火」は、お話というよりは、祖母や両親から、つねづね、地震揺《ゆ》ったときの教訓という形で聞かされていたので、お話としてまとまって語れるかどうかは、ちょっと自信ないのですが、聞いてくださ い。

和歌山は地震がすごく多いところで、私の子どものころは、体に感じるか感じないような地震は、もうしょっちゅうあったんですね。

それで、そのたんびに、「ええか、地震が来ると、『揺り返し』っていうのあって、揺り返しの方が大きいから気ぃつけよ」、そういうふうに、儀兵衛さんの話を聞かされてきました。

むかぁし、有田《ありだ》の広《ひろ》村に浜口儀兵衛さんという人あっての。

あるときのことよ。秋の刈り入れも終わって、みな祭りに忙ししちゃぁる時分にの、大きな大きな地震あったんやと。ほいでもな、たいしたこともの うて、気づかいなかった。みな助かったたって、喜んでた。

そのあくる日にの、また、大きな揺れあったんやと。地震ちゅうのはな、揺り返しちゅうのあるさかい、気ぃつけなあかんのやで。ほれでもな、これもなんとか無事で、みなで片づけしてよ。あくる日は祭りやさかい、忙し支度してたんやと。

儀兵衛さんもな、様子見に行こと思て、うち出てよ、何気のう浜の方見たんやて。そしたらの、海の底見えるほど、波が沖へ沖へって、ぐんぐんぐんぐん引いていくんやと。ほうして、沖の方はまっ黒になっての。こらあかん、大きな津波来るって、思たんやと。

ほれでな、

「津波来るぞー、高いとこへ上がれよー」

と、大声で叫んだんやけども、みな祭りの支度で浮かれちゃぁったさかい、聞こえやんのやと。

儀兵衛さんは、こらあかんと思て、そのうち、だんだん日ぃも暮れてきて、あたり暗なったろ。それでの、家、戻っていんで、松明《たいまつ》取ってきてよ、それで、刈り入れの終わった稲藁《いなわら》、田圃《たんぼ》のあっちこっちにぎょうさん山と積んじゃぁったさかい、それに火ぃかけて回ったんやと。

そしたら、稲むらは、よう乾いちゃぁったさかいによ、ぱちぱちと火ぃはぜて、勢いよう舞い上がったんやってな。それで祭りに浮かれちゃぁった村の者らも、これに気ぃついてよ、何事やと、あわてて消しに行ったんやと。ほんで、儀兵衛さんはよ、

「消さいでもええ」

って、

「ほれ見てみぃ、大きな津波来るさかいに、早よ高いとこ上がれ」

もう、すぐ後ろに黒い黒い津波が迫って来ちゃぁった。みな高いとこ、高いとこってな、その稲むらの火ぃの明かり、その明かり頼りに、高いとこへ、高いとこへって、早よ早よ上がってな、逃げたんやと。そのおかげでな、大きな津波来たんやけどな、広の村では、だれ一人命なくすことのうて、無事助かったんやと。

ほんでもな、津波のおかげでよ、家から田畑から、みなのまれてしもたやろ。ほんでな、

「このままやったら、暮らし立ちいかん」

言うて、みな村棄ててよ、出て行ことしたんやと。

そこでな、儀兵衛さんはよ、

「こらあかん、このままやったら、村のうなってしまう」

って。大きな借金こさえての、ほんで、そのお金でよ、村に堤防こしらえることにしたんやと。

それで、村の者はよ、田圃も畑もなくなったけども、その堤防の工事のお金を儀兵衛さんにもろうて、それで村に残ることができたんやと。

ほんでな、儀兵衛さんのこしらえた立派な堤防はよ、その後も、この村に何度も津波が来たけど、この広の村守ったんやと。

その後、儀兵衛さんは、浜口梧陵ちゅう立派な人になったけど、今でも生き神様って、呼ばれちゃぁるんやと。

儀兵衛さんの話は、「地震や津波は、二度目の方が怖ろしさかい、油断するもんでない。大きな揺れあったら、高いとこへ逃げろ」って。そんな話、よう聞かされました。

この後、南海大地震の話も聞かされて、ちょうど、今日は七月九日で、和歌山の大空襲の日なんですよ。それで、私の頭の中には、津波や地震の他にも、「大火事起きたときにはの。ちっとばかり広い公園とか、

学校の小さい運動場なんかに逃げたらあかんで。周り火ぃに囲まれたときはな、竜巻起きるさかい、どんと開けた所に行くか、怖ろしても風下に逃げたらあかん。火ぃくぐってでも、風上に逃げよ」とか、戦災の話やら教えられた。今、頭の中に聞かされたことがいっぱいになって、こういうのしゃべると止まらんようなるので、このへんで（拍手）。

**石井正己**　「稲むらの火」が、実際に家庭の中で、お祖父さんお祖母さん、お父さんお母さんから聞かされていたのですね。「交通事故に気をつけなさい」と言って、子どもたちを学校におくり出すと思いますが、それと同じように、生きぬくために大事なことを伝えていくわけです。そうした数々の教育の中に、津波の問題があるわけですね。防災教育ということでは、命を救うための訓練を行いますが、私たちは、いつ、どこで、どのように災害に遭うか、わかりません。こうした語りを通した教えというのは、学校の行う防災教育とはちょっと違うように感じます。マニュアル化すれば命が救えると考えている防災教育にはないような、言わば人生教育とともにあるような感じがするのです。私はむしろ、こうしたことをよく考えるべきではないかと思うのです（拍手）。

講演

# 津波と伝承

川島秀一

## 一　常日頃感じていた津波の襲来と資料の保存

被災地の宮城県気仙沼市から参りました。私は、今年の三月一一日の東日本大震災の地震に先立って、津波の経験がありました。今から五一年前の一九六〇年、昭和三五年のチリ地震津波です。私が小学校二年生の八歳のときです。親たちから朝早くたたき起こされて、「津波だ」ということで起きました。しかし、その年まで、津波という言葉は聞いたことがなかったんです。何のことだかわからないうちに、ランドセルを背負わされて、裏山に逃げた覚えがあります。

津波というものはああいうものだということを、体で覚えていましたから、もし今回、津波の警報があったとして、夜、来たとしたら、せいぜい二階に逃げただけで、たぶん私もこの世にはいなかったと思います。今回の津波で、家は二階ごと流されました。津波は二階まで来たと思います。

三陸沿岸では、近代に入ってから、今回を入れて四回、津波の経験をしております。初回は明治二九年（一八九六）で、さきほど石井先生が紹介されましたように、柳田国男の「二十五箇年後」というのは、この津波から二五カ年後の話です。柳田の訪問の後、昭和八年（一九三三）に津波が来ます。それから、さきほどお話しました昭和三五年のチリ地震津波です。それから今回の津波があり、この四回です。

ただし、津波の規模や社会的な影響から考えると、やはり今回の津波は、昭和八年の津波をまず考えたほうがよいかなと思っています。過去においてどのような復興が行われたかということを考えて、これからの指針にするのならば、チリ地震津波よりは、昭和八年の津波を参考にすべきではないかと考えます。

三陸沿岸の社会では、これらの津波をどのように伝えたのかというのが、さきほど紹介されました山口弥一郎の『津浪と村』という本の大テーマなわけです。私も、三陸沿岸の生活文化のありようというものは、津波を抜きにしては語れないということは、今度の震災前からずっと思っていたことです。若いころから、石井先生ともそういうことを何度も話し合ってきました。

私は、民俗に関する収集資料を家に置いてありましたので、みなさんが心配をされて、震災後、いろいろご連絡がありました。写真のネガ・フィルムは全部職場に持っていました。「万が一津波が」ということがあったわけです。フィールドノートは百冊以上持っているんですが、ノートを立てかけておくだけでは探しにくいので、コピーで副本を作ってファイルにして順番に並べ、職場に持っていました。副本を職場で使うという理由もあるのですが、やはりどこかに、もしや津波が来て、全部無くなってしまうのじゃないかという心配があったわけですね。

残念ながら、録音テープだけは九割流されてしまいました。特に昔話や語りに関係するテープが流されたことだけは、すごく惜しまれるのですけれども……。そのように、私自身も、何か覚悟みたいなものを日常で思っていたはずです。三陸の漁師さんなどはなおさら、いつか津波があって、海が反逆してくるということを絶えず思っていたと思います。

今日は、この津波を伝えるというのはどういうことなのか、どういう方法があるのか、そういったことを、語りとか口承文芸を含めて、広く考えてみたいなと思っています。そして、私にとっても、この津波はなんだったのだろうかということを、四カ月近く経ってはじめて感じていることもありますので、津波の文化的な意味についてもお話しできればと思っております。

## 二　宮城県の津波記念碑の現状と一律の標語

まず初めに、記念碑に触れます。津波記念碑というのをご覧になった方もあるかと思うのですが、その記念碑によって津波を伝えるということの意味を考えるために、現状を写した写真を中心に見ていただきたいと思います。機械が得意ではないので、映らないことも考えて、念のために私が撮った写真をプリントで用意してありますが、今回、これからプロジェクターで映して説明したいと思います。

資料の方は、昭和八年の三陸津波の二年後に、宮城県の方でまとめた『宮城県昭和震嘯誌』です。

記念碑の建設予定地は、以上の六十三部落なりしが、罹災町村は専ら日常生活上の復旧復興に忙殺され、自然、この種の建設は遅延する傾向あり。

されど、中には大原村の如く、震嘯災害一周年迄に、尽く完成せるものあり。

県に於ても、災害一周年後、寄託者の意志を尊重して、一日も早く建設予定全部落に亘《わた》り完成せしむべく督促、指導せる結果、昭和九年春に至りては、女川《おながわ》町・荻浜《おぎはま》村等の各部落の建碑完成し、夏に入り、唐桑《からくわ》村部落の建碑除幕を見たるが、昭和九年度中には、全部竣功の見込なり。

之等記念碑には、寄贈者東京朝日新聞社が予《かね》て、関係災害地に広く募集せる標語・「地震があつたら津浪の用心」、「津浪が来たらこれより高い所へ」、「危険区域内に住居するな」等を記銘し、以て部落民に不断の警告を発する事とせり。

（『宮城県昭和震嘯誌』宮城県、一九三五年）

これは、津波記念碑を建てるべきだという県の意向があり、それから朝日新聞社が義援金の一部を津波記念碑にあてたことを書いてあります。それを見ますと、六三部落と言えば六三の集落ですから、宮城県の浜の集落ごとに一つを建てるということを書いています。

なかなか津波記念碑が建たないが、昭和九年（一九三四）中には建てたいと書いてあります。碑面の標語は、「その土地土地に適当なものをお選び願ひます」とあって、最後の段落にサンプルが載せてあります。例えば、「地震があつたら津浪の用心」、「津浪が来たらこれより高い所へ」、「危険区域内に住居するな」といった言葉を入れろと書いてあります。

それでは、実際に津波記念碑の現状の写真を見ながら考えていきたいと思います。

今、映っているのは、ちょっと碑面が読めないのですが、唐桑町の宿《しゅく》の地福寺にある、明治二九年の海嘯碑です【写真1】。柳田国男はここの前に立ったことが記録にも載っております。「恨み綿々」と書いた漢文の文章では、まったく読んでもわからないということを、すでに「二十五箇年後」に書いてあります。これは明治二九年の津波記念碑なのですが、昭和八年と比べると、かなり堂々としたのが多く、やはり美文調、漢文調の文章が多いです。

昭和八年は大きさが規定されて、高さが五尺で、幅が二尺五寸というものです。これは被災された津

写真1　明治29年の津波記念碑
（宮城県気仙沼市唐桑町）

写真2　被災した昭和8年の津波記念碑
（宮城県南三陸町水戸辺）

写真3　昭和8年の津波後の「復興地」だけが残る（大船渡市三陸町綾里）

写真4　桜並木の土手で分かれた明暗。左側が高台移住地。（釜石市唐丹本郷、2011.4.24）

波記念碑です【写真2】。南三陸町の水戸辺《みとべ》で、倒れた碑を撮ったものですが、「地震があったら津浪の用心」と読めるかと思います。宮城県では、「地震があったら津浪の用心」という標語を一律で選んでいるようです。それも、あまり高台に建てないで、すぐ漁村の傍に建てているというのが特色です。そのためにこのように倒れています。

皮肉なことに、昭和八年の後の津波というのは、チリ地震津波でしたから、地震のなかった津波です。そのために、潮がかなり引いたんですが、津波かどうかを判断できかねて、迷った方もずいぶんいたようです。チリ地震津波に関しては、記念碑を建てた箇所は数えるほどしかありません。

さきほど高台移住の話が出ましたが、津波の一週間後、私の友達がいたんで、大船渡市三陸町の綾里《りょうり》に行きました。これは綾里の町です【写真3】。瓦礫《がれき》のある所が被災した所で、左上が昭和八年の津波の後に高台移住した集落です。どちらかというと、今は漁師さんよりも商店街が中心になっている町で、今でも「復興地」と呼んでいます。要するに、復興地だけが残ったのですが、七八年のあいだに平地に戻ってきて、今度の大津波で同じように被災しているという状況がわかると思います。

## 三　岩手県の津波記念碑と復興記念館の意義

これは釜石市の唐丹本郷《とうにほんごう》の写真です【写真4】。ちょうど桜が咲いたころに出かけました。ここも、右側が今回被災した所で、左側が復興地で、昭和八年の後に上がった集落です。昭和九年、三陸津波の翌年だと思いますが、現在の平成天皇が生まれ、桜の苗を釜石地方で植えはじめるのです。復興地の土手に桜並木がありまして、ちょうどこの桜並木を境に明暗が分かれたようになりました。

写真６　浜から姉吉の集落へ向けて、津波が沢を駆け上がった跡地。(2011.6.5)

写真５　防潮堤の上に建立された津波記念碑。左側の昭和の記念碑は流出した。(2011.5.22)

写真８「此処より下に家を建てるな」と刻された昭和８年の津波記念碑。(2011.6.5)

写真７　浜から向かった姉吉の集落の入口。右側に津波記念碑が建つ (2011.6.19)

写真９　姉吉の目倉神社 (2011.6.19)

この唐丹本郷は、どこに記念碑があったかと言いますと、ちょうど防潮堤の上を走る道路脇に建っていたんです。こちらが明治二九年の津波記念碑で、昭和八年のは左側に建っていたのですが、今回の津波で流されました【写真5】。防潮堤の高さに建っているということは、これより高い津波は来ないんだという意識です。この防潮堤より高い所に逃げていれば大丈夫だという意味が込められていると思います。そうでなければ、村から離れた防潮堤の所に建っている意味がわからないわけです。

　マスコミで注目されましたのは、宮古市の重茂《おもえ》半島の姉吉《あねよし》ですね。そこも、下は加工場があったのですが、全部流されました。魹ケ崎《とどがさき》という本州最東端の岬があるのですが、姉吉はその岬に一番近い集落です。そんなに多くの人は住んでいません。今回、海抜四〇メートル近く上がったと思われるというお話がありましたけれども、沢を津波が上がっていったんです。それで沢沿いはちょうど山津波が逆から来たような様相を示していまして、ダムの底みたいな様子がずっとうねうねと続いています【写真6】。

　そして、集落の近くに津波記念碑が建っています【写真7】。これは昭和八年の津波のあと建てられた碑です。読めますでしょうか。「此処より下に家を建てるな」とはっきり書いてあります【写真8】。今回の津波でも、他所に行って亡くなった人が二、三人いるんですが、この集落が津波に襲われることはありませんでした。これは姉吉の日倉《めくら》神社です【写真9】。いろいろ伝説がついている神社ですが、もともと浜にあったそうです。神社ごと上の集落に移動して、そのために浜に戻ってくることを断念したと言われます。

　この姉吉の例が非常に特殊なものだったのかと考えますと、実はそうではないと思うのです。津波記念碑が建っている場所から下は被災して、上は家が残っているという例が多々あるんです。さきほどの『宮城県昭和震嘯誌』にも、「津浪が来たらこれより高い所へ」というような標語の案を出しているとい

写真10　宮古市重茂の里の被災地。記念碑は館集落の入口に建ち、無事であった。(2011.6.19)

写真11　岩手県大船渡市の合足の津波記念碑(2011.6.18)

写真12　宮城県気仙沼市唐桑町舞根の津波記念碑(2011.7.5)

うことは、建てる側も、どこかそういったことを念頭において建設場所を決めていったのではないかと思われるふしがあります。姉吉だけが特殊な例ではなくて、おそらくそういった意識のもとに建てた津波記念碑があるのではないかと思います。

これは被災した重茂半島の里《さと》という集落です。ここもやはり昭和八年に被災して、上に集落をつくりました。その館《たて》という集落に上がる坂道から、里の集落を撮ったところなのですが、左側にあるのが明治と昭和の記念碑です【写真10】。今回の津波でも、ここから下に家を建ててはいけないということをはっきり意味しているような場所です。

岩手県には、こうして明治の記念碑や供養碑と昭和の記念碑を二基建てている所が多いですね。これは大船渡市の綾里の近くの合足《あったり》という所です【写真11】。ここも左側、道路沿いに明治二九年の津波供養碑と昭和八年の津波記念碑がありますが、ここより下の集落まで津波が来ました。これもはっきりここが境界だということがわかる所です。

次は宮城県気仙沼市唐桑町の舞根《もうね》です【写真12】。震災がある前、私はそこを通って、これがあることは気づいていました。何でこんな人の目のつかない所にと、少し不満だったのですが、実はここも道路を越えて波が押し寄せたのです。今は仮設の道路が作られています。これもぎりぎり境界に建っていたということです。

先人はこういった所より上に逃げれば安全だということを知らしめたと思いますし、この建立当時の人々はそういう意識を持っていたと思います。けれども、七八年も経って、教育や伝承がなければ、「ここから上に逃げよ」ということは忘れられてしまいます。チリ地震津波の場合、気仙沼はそんなに被害がなかったのです。そうするとどんどん忘れていって、今回はこの地から下は流されています。

津波の記念碑とともに触れておきたいのは、『宮城県昭和震嘯誌』の中に、復興記念館を建てよということが書いてありました。これは三二カ所なので、津波記念碑の数より少ないのですが、避難場所とともに共同作業も行う一種の公民館のような施設を建てよと言っています。

例えば、『宮城県昭和震嘯誌』に載っているのですが、共同作業場としては、「節削、塩干、乾魚製造、漁具漁網修繕、藁工品、竹細工、家庭木工等に従事し、隣保扶助事業としては、託児、講習会、講演会、図書館、職業教育、夜学、母ノ会、子供クラブ、活動写真、人事相談、その他各種集会に利用せしむるにあり」と書いてあります。

写真13　宿震嘯記念館だった現在の宿集会所（宮城県気仙沼市唐桑町宿　2011.7.5）

以上のように、一種の公民館のような役割を持たせたわけです。こうした津波復興記念館を各集落に建てたんですが、これも、今回の津波で半分くらい無くなりました。これが宿の震嘯記念館です【写真13】が、実際には、戦争当時に数カ所無くなっていますが、実質の機能としては、この宿のように集会所として残っています。これは防災教育の拠点をつくるということもあるんですが、「この設置場所は、部落民の集合に便利にして、かつ高台の地を選定し」ということから、避難場所でもあるわけです。そういう二つの機能を兼ねた施設を造ろうとしたわけです。しかも、集落ごとに造るという発想はすごいと思いました。

去年の九月、淡路島の南の福良《ふくら》という所に、津波防災ステーションというのが建てられました。それは、この復興記念館と同じように、観光客の避難場所であるとともに、津波の警報、災害の減災の教育の場であるという両者を兼ねているわけです。そういう場所になっているのですが、昭和八年の三陸津波後に、そういった形での集会所がすでに建設されていたのです。これも、今回、津波後にいろいろ調べた結果わかってきたことです。

## 四　家の継承の意識と現代の家の事情

これまでは記念碑という目で見えるもので津波のことを伝えていく資料を扱いましたが、いま少し語りの方に関わっていきたいと思います。

『宮城県昭和震嘯誌』の第五章に、「震嘯美談・哀話・奇談・実話及びその他」とあります。その数は、美談が七、哀話が一二、奇談は六、実話及びその他が二です。美談と実話の区別がつかないものもあるのですが、津波の後にこういった話を拾い集めていることは確かです。『岩手県昭和震嘯誌』にも、第七章に「震災余譚」ということで、美談は一八、哀話が七、奇談は一〇、遭難実話が九ということで採録されております。こういう話をどう扱うかということは、これからの課題でありましょう。

私もたまたま津波後の話について、そんな意識をもって集めたことはないのですが、耳にしたことがあったのです。そのままテープ起こししたものを載せておきました。これは、さきほどの唐丹本郷の千葉敏子さんという方から聞いたものです。千葉さんは復興地に住んでおりまして、今回の津波の後、私も会いたかったので、行ってきました。元気でおりました。本郷は下の集落だったのですが、彼女は昭和八年のとき、たまたま用事があって、隣集落の親戚の所に行っているあいだに津波に襲われて、彼女一人を残して、その家が流されてしまったのです。七人家族でしたが、一人だけが残されたということです。

三年生だから、四年生さ上がる三月の三日だから、花露辺《けろべ》さ用あって、夕方、泊まりさ行ってす、そして、こっ（唐丹本郷）から花露辺でも、子どもだからすぐ帰ってきられねからす、泊まって、その晩、流れたの。全部流れて、オレばり残ったの。ホトケマブリに置かれたわけだ。

何も子どもだから、何もおせられねでね（教えられていない）しね、そこで、大っきくなって育ってきたもんだから、その家の爺様が、ほんでもやってけでだったから。オレは家督になるべき人でねかった。家督があったからね。みんな流されたから、仕方なくて。

毎日ね、子どもでも、死骸ね、訊《た》ねさあるったもの、みんなホトケ（死者）を上げれば、並べて、ムシロかけておくのす、そいづ、へいで（はいで）見てね、上ったの、おらい（我が家）で五人死んだんだけども、嫁ゴ姉さん、一人、上ったきりだね。あと、おそく何年か、もよって（経って）ね、骨拾ったんだっけ、そしたっけ、夢見でわかんねくてね、おらいのホトケさんでねえ、あと、返してもらって埋めたったがす。

（一九九七年五月七日、岩手県釜石市唐丹本郷の千葉敏子媼（大正一二年生まれ）より川島聞書）


この資料に、「全部流れて、オレばり残ったの。ホトケマブリに置かれたわけだ」といった言葉はすごく印象的で、それで私はこの方を思い出したのです。津波で亡くなった人たちを供養するために、自分はたった一人生き残ったのだという、そういう思いで震災後を生きてきたと思います。それから家が復興するわけであります。

家の継承と復興の問題というのは、当時は非常に大事なことでした。例えば、一家全員が亡くなった家を誰が継いでいくのか、誰が供養していくのかということについての関心が高かったのです。現代ではどうかなあと思います。

山口弥一郎の『津浪と村』を読んでも、例えば、遠くの仙台へ行った女性とか、当時は家の継承のために呼び寄せるのです。釜石の近くの両石《りょういし》では、常日頃から十三浜《じゅうさんはま》という宮城県の浜からイカ釣りに来ていて、日常的な交流がありました。そこの漁師さんと一緒にさせて家を継がせるとか、そういったことをしたようであります。今回の震災で家の継承をどのようにしていくのだろうかという問題があって、気になります。

千葉敏子さんに、「今回はどこにいましたか」と聞いたところ、「復興地にいたから助かった」と言います。ところが、「息子二人の家が下にあったが、息子たちの家がぐるぐるぐるぐる防潮堤の中で回っていた。息子たちは助かりましたけれども、その家が流されたのをずっと土手の上から見ていた」と言います。「どうして、下に下がって行ったのですか」と聞いていくと、今は核家族化が進んで、「一軒ごとに次男だけでなく、長男までが家を建てていく」と言います。

現代の家の問題を考える上でも、津波というのは、そのことをすごくはっきりさせてきたようなことがあります。そういうところをこれから考えていかなければいけないのかなと思います。七八年のあいだに、何のために高台から平地に下りていったのか、その理由は山口弥一郎さんが調べたときとは違う理由ではないかと考えられてきました。

## 五　日常の生活を知らずに復興はあり得ない

平成七年（一九九五）に、石井先生と一緒に唐桑町の馬場《ばば》という所に行ったときの話です。昭和八年の津波の様子を語っております。

昔、電気、付きがけだったから、針金コで、つんと引っぱってて、白い笠と玉、吊るしてだから、その吊り金、ビンビンビン、ビンビンビンビン鳴るくれえ、地震が揺ったの。とにかく、おっかなくてわかんね。家の中さ居られねから、出はって、そして、「地震ときやなぁ、こういうとき、竹薮さ逃げるもんだ」って語っていたれば、なに、ずんずんおさまったから、ふんで、「寝ましょう」と思って寝たの。

そしたっけ、木の戸だからね、寝ったれば、バターッつ音したの、こいづ響いたの。「姉さん、何だべね、今のあの響き？　あのドドーンつの？　あれ、何なもんだべな？」、そう語って、寝ねで、そして、そんなこと語ってただれば、向こう、道路だから、「アイダ（屋号名）の家流れた、津波で流れた」って来たんだよね。

ふんどき、私、実家さ泊っさ行ってだの。お父さん（夫）ばかり独り家にいだから、起きて、朝ま、舟見に行ったんだね。ふんどき、私の家、高いところさあったから、「つるのなぁ、それこそ熊野林（屋号名）さ行ってみろ」と語られで、朝五時ころ起きてね、夜、明けっか明けんねうち来てみだどころ、前の浜っつどこ通ってくんだから、雪のあんばいこ見たんだ。何と、これまで道路の下かたにあった家、浮きて、道路、乗っ越いで流れていった。一丈五尺か二尺のどこ行ったわけだ。浮きて流れて、そして、翌日、沖にツプラーツプラーって、大きなクサ葺きだったからね、そして、ここから屋根ばり見ったの。そこさ人もいっしょに流れていったんだしすっからと思って、発動機船で行って、今度、昔のカヤ葺きだから、カヤ取ってから見だればね、中からババさん、カヤの裏板さすがってだったの。水飲んだから、実家へ行って五〇日ばんでいて死んだの。

（一九九五年一二月二五日、気仙沼市唐桑町馬場の小山つるの媼（明治四四年生まれ）より石井正己・川島聞書）

「昔、電気、付きがけだったから」と、電気がついたばかりということがわかります。この馬場という所では、電気が通じたとき、針金で引っぱって白い笠を吊していたということで、津波のことを聞きながら、こういった当時の日常的なこともわかるわけです。非日常的なことではあるのですけれども、語っているのは非常に日常的なところで、誰もが思っていることが表れます。例えば、ホトケマブリのこともそうだと思います。津波によって、いきなりホトケマブリという言葉ができたわけではないので、日常的に使っていった言葉がこういった時にも出てくるわけです。

柳田国男は『青年と学問』の中にある「旅行の進歩及び退歩」という文章の中で、少しだけ災害に触れて、「災害の御救済の如きも固《もと》より悪いことでは無い。御見舞の勅使が行けば士民は感泣する。しかし常の日の常の事情、即ち突発の災害に対する抵抗力ともいふべきものが、曾《かつ》て考へられて居ないのだから何にもならない」と言っています。日常の生活をちゃんと押さえていないと、災害のときには何にも役に立たないというのです。

山口弥一郎の『津浪と村』の中ですばらしいと思ったのは、あの中に、「両石の漁村の生活」（和田文男の調査報告）という章を設けていることです。これは普通の民俗誌の記述と同じなわけです。あれをそっと入れているところは、山口弥一郎が何を訴えようとしていたかが、よくわかるのです。日常的なことを調べ、その地域ごとの風土や習慣を知らなければ、災害のない町づくりや村づくりはできないということを訴えているのではないかと思っております。

先に挙げた例のような津波の話を、私はお年寄りに会って聞いたことがあります。唐桑町の大正一二年(一九二三)生まれの女性と会って話を聞いたとき、帰り際に、「ほんとうに津波のことを聞いてくれてありがとうございました。おかげで胸がすっとしました」と言われました。彼女は初めて小さいときの経験を語ったわけです。そのときから六〇年以上経って、それで、自然に私も、この体験を語るということがどんなに大事なものかと考えさせられたのです。

唐丹の千葉敏子さんに会ったときは、息子夫婦が同居していました。私が行って帰るときに玄関に送ってきて、「私だけいい思いをしたようだ。これからは息子と生活していける」という言い方をしたわけです。なぜ下に下りていったかという理由について、核家族化といった問題と重なりあわせて聞いたのですが、そういう一人一人にとって、津波の意味が違っているということがわかりました。

## 六　津波の神話的伝承と津波を予兆する能力

最後に「神話的伝承」とあえて仰々しい名前をつけましたが、こういった津波の体験を語るとか、あるいは、「地震のときには竹藪に逃げよ」という、そういったメッセージを抜きにしても、津波の話というのは非常に直截的な形で残っております。ただ何十年に一回の災害ですから、これらがどのように伝わっていくのかということは興味があるところです。

この例に挙げたのは気仙沼市の大島の郷土誌です。そこには地名由来譚がいくつか載っております。

大島は津波のときはいつも大きな被害を受けていた。いつの頃の大津波の時か、島は三つに分断されたという。田中浜から浦の浜へ、そして小田ノ浜から浅根浜へと津波が通り抜け島は三分されたという。そのとき島内に灯があったのは休石屋敷一軒だけだったといわれている。

光明寺の東の入口が休石《やすみいそ》である。藩主公来島のとき休まれたので休石と呼ばれるようになったとされている。その休石のすぐ前の畑に「船こぼれ」と呼ばれる畑がある。津波で押しあげられた船がここに留まった所とされている。竹の下の地名ももとは「鯛の下」で、やはり津波のとき鯛が打ちあげられた所、合柄《がつから》が「合殻」で大量のかき殻の打ちあげられた所と言い伝えがある。

（『大島誌』大島郷土誌刊行委員会、一九八二年）


今回の津波では大島は二つに分断されました。これはいつのときだったかわからないのですが、島が三つに分断されたと言います。気仙沼湾内に浮かぶ島ですが、東と西の海岸から津波が来て、大島が三つになった。その後に、いろいろと地名伝承が生まれるわけです。船が壊れたので「船こぼれ」と言い、鯛が打ち上げられたので「鯛の下」と言う、そういったことが書かれております。どうも魚が上がるということに対しても記憶を持っていた方がずいぶん多いようで、明治二九年のときに、ずっと高い所の家の障子に鯛がささっていたとか、そういったことを中心に、明治の津波はどこまで上がったかということを印象深く伝えている話なので、これは一般的な津波の語り口です。

また、松谷みよ子さんが『女川・雄勝の民話』を昭和六二年（一九八七）に出しています。その中に、岩崎トシエさんという明治生まれのお婆さんが語った昭和八年の津波とチリ地震津波の採録資料があります。昭和八年の津波でしたか、村の中のある家の女の子が夜中に、「赤い着物を着せてくれ」と言ったそうです。さらに、「リボンをつけて、今度は白粉《おしろい》とか紅を付けてくれ」と言われて、幼い子に白粉とか紅を付けたのですが、その子が津波の後に、そういった姿で浮かんでいたという記述があります。

子どもはなにか異常を感じて災害を予兆する、そういった話は全国にあります。ざっとどういう話があるのかを集めてみたんですが、次は富山県の黒部の話です。

○富山県黒部市園家―園家砂丘には、昔、園家千軒といって、港町が栄えていたが、ある夜、町一番の物知り婆さんが、星の異常をみつけて、天災地変迫っていることを知り、「大津波が来るから早く逃げろ、逃げろ」と町中を叫びまわった。しかし町の者は信じなかった。その夜、大津波が町をおそい、千軒を一のみにしてしまった。そのあとに大きい砂丘ができた。一人生き残った老婆は、黒部川を渡り流浪の旅に出た。これが若狭について八百歳まで生き、村人は上清（ジョウセイ）お虎といっている。大津波から何百年かの後、園家の隣村高瀬村の人達が京都へお詣りにいった帰りに若狭のお虎婆さんを訪れると、大変に喜び、村のことをきき、「私は一日に串柿三個ずつをたべて、命をつないでいる。もうすぐ八百歳になるが、いつまでも生きていることは出来ない。村の椿の花がポトリと落ちたとき、このお虎婆が死んだと思ってほしい」といった。このお虎婆さんについては、さらに伝えがある。下新川郡入善町東狐（トッコ）の尊称寺が、園家にあったとき、寺のうしろに池があって、底は竜宮に通ずると伝えていた。ある年、お寺に大事なお客様があった。その接待役をした上清どんのお爺さんが折詰めを持ち帰った。これをたべた婆さんが、それから年をとらず、若々しくなって長生きをした。食事の中に人魚の肉が入っていたのだという。この婆さんが、大津波の襲来を予言したお虎婆さんだったのだという。この上清どんの末裔は今も園家にある山滝清一の家だという。村では、上清どんと呼んでいる。（「とやま民俗」№20）

（『日本伝説大系　第6巻　北陸編』みずうみ書房、一九八七年）

これは、物知り婆さんといわれている人が、「大津波が来るから逃げろ」と町の人に話す。言うことを聞かなかった町人は大津波に呑まれてしまいます。その物知り婆さんは上清お虎といって、八百歳まで生きたというので、八百比丘尼と言われ、椿の花が出てきますし、人魚の肉を食べたという話もついております。八百年生きれば、津波も予兆できるという意味合いもあるのですが、今回の津波は千年に一度の津波ですので、おそらくこのお虎さんも予言できなかったと思います。

## 七　宮古島のヨナタマの話と津波を表すヨダ

人魚に関して、もう一つの津波の話が宮古島に伝わっております。伊良部《いらぶ》島のそばには下地《しもじ》島がありまして、稲村賢敷《けんぷ》が『宮古島旧記』を昭和二八年（一九五三）に刊行しているのですが（「旧記」は寛延元年〔一七四八〕の成立）、「二〇・伊良部下地といふ村洪濤にひかれし事」の中に出ております。

昔伊良部島のうち下地という村ありけり、ある男猟に出でゝよなたまといふ魚を釣る、この魚は人面魚体にして能くものいふ魚となり、猟師思ふようかゝるめずらしきものなれば、明日いづれも参会して賞味せんとて炭をおこし、あぶりこにのせて乾しける、その夜人しづまりて後隣家にある童子俄に啼きをらへ伊良部島に行かんといふ、夜中なればその母いろ〳〵これをすかせども止らず、泣き叫ぶことといよ〳〵切なり、母もすべきようなく子を抱えて外へ出れば母にひしと抱きつきてうちふるふ、母も怪異の思いをなす所に遥に声をあげて、よなたま〳〵何とて遅きぞといふ、隣家に乾かされしよなたまの曰く、吾今あらあみの上にのせられてあぶり乾かされる事半夜に及べり、早々に犀をやりて迎えさせよと答ふ、母子は身の毛よだつていそぎ伊良部島にまいる、人々怪しみて何とて夜ふけに来ると問ふ、母しか〳〵と答へて翌朝下地村に立帰りしに、村中のこらず洗いつくされて失せたり、今に到りてその村の形跡はあり共村立はなくなりけり、かの母子はいかなる陰徳のありけるにや、か丶る急難を奇特にのがれし事ぞめづらしける。（稲村賢敷『宮古島旧記並史歌集解』至言社、一九七七年）

ヨナタマというのは上半身は人の体で、下半身が魚だというのですから、人魚でしょうけれど、それをあぶって食べようとしていた。すると、隣の子どもが「伊良部島（隣の島）に逃げよう」と言うので、母が「どうして泣いているのか」と思ったところ、ヨナタマの声が聞こえてくる。「よなたま〳〵何て遅きぞ」と言うと、ヨナタマは、「吾今あらあみの上にのせられてあぶり乾かされる事半夜に及べり、早々に犀をやりて迎えさせよ」と答えます。ヨナタマが「迎えにきてくれ」と叫ぶんです。そういうことを聞いた母は逃げますが、その夜に津波が来て、全部さらっていったという話です。

やはり母と子が出てくる津波の話として、先にお話しました大島の「導き地蔵」の話があって、問い合わせが多いものですから、私も行って来ましたが、今回の津波で流されてしまいました。御堂が昭和四五年（一九七〇）に建てられるのですが、今回の津波で全部流され、跡地しかなくて、お地蔵様はありません。「まんが日本昔ばなし」の映像がインターネットで流れて評判になりました。どういう話かというと、このお地蔵さんは、亡くなる人が、明日亡くなるという前の晩に白装束を着て拝みに来るというのです。ちょうど『遠野物語』のデンデラノのような予兆をするわけです。ただし、目に見える形で、それを教えるわけです。

ある夜、偶然に、導き地蔵を通りかかった母と子が、村人が大勢白装束を着て拝みに来ているし、馬も牛も拝みに来ているのを見るわけです。どうもこれは何かがあるなと思っていると、翌日に潮が引いて、みんなで浜に下りて魚を捕ろうとしたときに津波が来て、村が全滅するという話です。これは導き地蔵の話なのですが、ここにも母と子が出てくる。母と子が逃げる、こういった予兆を感じるという話になっております。

さきほどの下地のヨナタマの話が、現在はどのように伝わっているのかということを調べてみたら、遠藤庄治編『いらぶの民話』（伊良部町、一九八九年）にありました。「ユナタマ」というのは海の人魚で、半分は食べて、半分は雨戸に乗せて竃《かまど》の上に乾かしていたら、竜宮とはっきり出てくるのですが、「ユナタ、ユナタ、さあもう降りてこい」と呼んだら、「自分は雨戸におかれて、竃の上にいるから、降りてくることができない」と言うので、「じゃあ、潮を上げるから降りてこい」と言って、竜宮から大きな津波を上げてしまった、という話です。

三月三日は、一年間で一番潮の引く日です。そのときに竜宮祭をしなさい、そうしたら、そんなに大きい津波は起こらないからというのが最後に付いて、竜宮祭の由来譚として構成されています。

柳田国男は『一目小僧その他』の中にある「物言ふ魚」という文章で、ヨナタマというのは、イナとかウナという言葉で、海の霊ではないかと言っています。東北地方ではヨは魚のことで、ウオがヨになっているのです。エビスヨと言えば、恵比寿様に上げる魚のことを言いますし、神社に上げる魚をネノヨと言います。ヨは魚かもしれないと思っています。

そして、一番気になっていることは、三陸で「津波」と言われはじめたのは、明治二九年の津波からなのです。その前は何と言っていたかというと、ヨダなのです。「ヨダが来るぞ」と言って、気をつけたわけです。ヨダとヨナタマということは、何か連絡があるんじゃないかと思います。津波というのは何か人格的なもので、人間に何かメッセージを与えるためにやって来るものだという意識が、ヨナという言葉の中にもあるような気がしているわけです。

## 八　魚も津波も寄り物と考える思想

今回の津波は何だったろうかと考えて、私はいろいろと三陸沿岸を調べて歩きました。今でこそ全国の漁村を歩いているんですが、やっぱりその方法論や問題意識を鍛えてくれた場所が三陸沿岸だったのです。

写真14　伊里前川河口のシロウオ漁の礎石
（宮城県南三陸町歌津町伊里前　2010.6.7）

これは南三陸町の歌津の伊里前川《いさとまえがわ》なのですが、石を並べて、シロウオという小さな魚を捕っています【写真14】。川底に小さな装置を付けただけのものです。川の傍の五軒くらいの家が漁業権を持って行っていました。こういう漁は小遣い程度にしかならないし、楽しみに行っているのですけれども、こういうものには何も補償されないのです。そこに住んでいるだけで価値があるものは補償もされていないのだという感じがします。山菜採りなんかもそうだと思いますが。商売ではないけれど、楽しみにやっていたものが、今回すべて失われたということです。

今日は時間がないので、簡単にお話しますが、去年、水俣に行って、ボラ漁のことを調べました。しかし、水俣は「水俣病」を抜きには絶対語れません。『証言水俣病』（岩波新書、二〇〇〇年）の中にも載っている言葉なんですが、思わぬ大漁をしたとき、「今日はのさったなあ」と言うそうです。ある時、水俣病患者のお父さんがその人に言ったそうです。「水俣病も、のさりと思え」と。人間が判断できない、神様から与えられたものなのだから、そこで頑張りぬくしかないのだよ、という意味のことを言ったのです。

津波も、私は寄り物だと思うのです。魚も寄り物です。このシロウオ漁もそうですが、沖から到来して捕れるものですね。それと津波は同じものと捉えることもできるようです。そして、幸も不幸も迎え入れるような大きな気持ちを持っていかなければならないのではないかと思っております。

私は、漁業関係の本を三つ、『漁撈伝承』『カツオ漁』『追込漁』をまとめてきました。『漁撈伝承』の中では、寄り物ということを一つのテーマにしましたし、また、『カツオ漁』のカツオも一種の寄り物です。神から与えられた魚だという意識がつよい魚です。それから『追込漁』では、追い込む様子からは人為的に魚を脅して捕っているようですが、神からいただいた寄り物をうまく利用して捕っている漁だということを強調しました。

こういうふうに考えますと、今回の津波によって、もう一度、海の傍らに住むというのはどういうことなのか、あるいは漁村というのは何か、今まで無前提に論じていたことを、根底から考えなければならなくなったという気がします。それが千年に一度の津波ということであれば、それこそ千載一遇の機会として、これからみなさんと一緒に考えていきたいと思っております。長い間、ご静聴ありがとうございました（拍手）。

語り

# 災害を語る昔話

横山幸子

## 一　「ここはふるさとであった」という言葉

皆様、心ならずも有名になってしまった、天災に泣き、人災に憤ってる福島県の伊達《だて》市から参りました。人災のほうですと、何時間語ったってもこの憤りは収まりようがないので、もっぱら天災のほうを語らしていただきます。

東北人ってすごいなあと、私は思ったんです。我慢強いというんでしょうか、あきらめが早いというんでしょうか、悪く言うと意気地がないというんでしょうか。そうではないと思います。自然に対して、うんと謙虚だと思うんです。自然と共存して生きてきたので、自然に対する謙虚な姿勢が、あきらめにも似た心境にさせたのではないか。それというのも、昔話を聞くと、天災のお話がいっぱいあるんですけれども、決して恨みつらみで結ばれていないんですよ。それどころか、自己反省に結びついているんです。

今回、『津浪と村』をじっくり読ましていただいて、先ほども先生がおっしゃいましたけれども、メクラ神社なんかも、あとから反省なさって、あれをお建てになったのですよね。でもね、あれを読んだら、いろんなものを感じたり、理不尽と思う心がいっぱいあったのです。なぜ海のほうに下りていくのか。海に下りていくのは、暮らしの利便性だけではなくて、どうにもならないあきらめに似た日本人の思いがあるんじゃないかなって思ったんです。

家を建てちゃいけないという石までありながら、そこに住み着いてしまう。ああいうことがあるのは、ボランティアに通っていらっしゃった兵庫県の方が書き残したものを見まして、言い当ててくださったなと思ったのです。「ここは被災地ではなかった。ふるさとであった」と書いてある。そして、瓦礫《がれき》ではないんだ、わが家なんだという思いは、浜辺近くにまた戻っていく要素にもなっているのじゃないか。一概に、「なんて無知な」とは言えないと思います。

　私も、相馬《そうま》の避難所なんかに参りました。やはり、「高を括っていた。福島県のわが相馬に、これほどのものが来るとは思わなかった」とおっしゃってましたね。津波と言えば三陸なんですけれども、福島県って、豪雪とか水害では、いろんなお話があるんですけれども、意外と強烈な津波の被害には遭ってないんです。

## 二　三陸地方の「赤面地蔵」の話

　三陸の方から、

「ホイドってわかっかい。乞食のことをいうの。そのホイドになった人が、三陸の方から福島あたりまで来て、そこサ居ついて、こんな思いを残して死んでいったんだ」というお話を聞きまして、あらっ、やっぱり人間って弱いんだな、自然に対するときは信仰の方に走っていくんだ、それにすがるしかなかったんだ、と思わされたのです。

　須賀川《すかがわ》というところで聞いてきた話です。

　むかぁし、むかし、三陸の海辺に地蔵様がたってたと。この地蔵様はハァ、うんとご利益があたんだと。村の人らは毎朝毎晩お参りして、無事を願っていたもんだ。

　この地蔵様には、

「お顔が赤くなったら、津波が来んだと」

なんつう言い伝えがあったんだと。

　ところが、その村サいたずら者の若い男が居たのナィ。

　あっ時、そだの迷信だべ、試してみっか、なんて考えて、近くに赤い粘土あったんで、その粘土持って来てな、地蔵様の顔サ、ベタベタと塗っつけて赤面の地蔵様にしてしまったんだと。

　ほして、こんで津波来たら、おもしぇもんだ、なんて思っていたど。

　翌朝、お参りサ来た人が地蔵様の顔見て、

「こりゃ大変だ」

ってたまげて、よっく見たれば、顔サ粘土が塗ったくられてんのよ。

「なんつうことすんだべ」

って大急ぎで水かけて洗い流してしまったど。

　ほして、

「今度こだことしたら、ただでおかねど、どこのヤロ（野郎）だか知んにが」

と皆してごせやいて（腹を立てて）いたんだと。

　さて、そのいたずら男、おもしゃくねぇ。そんで今度は赤い木の実を見つけて来てナィ。草木の汁は容易に落ちねこと知ってたから、それしぼって地蔵様の顔サ塗ったくって、

「こんで、言い伝えが嘘か本当か解るぞ」

なんて楽しみにしったんだと。

　次の日、村の人らお地蔵様見て、

「またやらかしたな、罰当たりめ」

って一生懸命洗い流すべとしたが、落ちねかったと。

「津波なんと（など）来ねばいいんだが」

と心配しったら、本当に大津波が来たんだと。

　ほしてみながな（全部）流されてしまって、その男だけが生き残ってしまったの。

「ああ、とんだことしてしまった。おら、ここサは居らんに」

と後悔して、ホイドしながらズンコズンコてふるさと離れて、福島あたりまで来て、そこのお寺サ居ついて、

「こんなわっしゃ（いたずら）するもんでね。仏様とこいたずらするもんでねぇ。おらは、あまた（大勢）の人ら殺してしまったんだ」

と反省して語り伝えながら、お顔の汚れた地蔵様見つけっと、水できれいに洗って歩いたんだと。


　この話は海浜に残っていたんですね。それもね、三陸の人が流れてきて伝えたというお話で、決して津波がない地域の創作ではないと思いますけど、そういう信仰心というのかしら、そして起きたあとに自己反省を先人は持ってたと思います。

　そして、『津浪と村』の本にも記されておりましたように、古老の体験や言い伝えをもっともっと大切に伝えてきたらというのは、私もその通りだと思います。先ほどおっしゃいましたスマトラ沖の大地震、大津波で三〇万以上の方が亡くなった。ところが、あの近辺の島民二千人ぐらいの小さな島の方が被害に遭われなかった。

　ＮＨＫのカメラが行ってインタビューしてました。「どうしてあの時は助かったのですか」と。すると、その島の住民の方が、「むかし、先祖から、こんなふうに言われてきたんだが、『地震が来てぐらぐらぐらっと揺れたら、すぐ海を見ろ。海を見て、海の水が

ぱっと引いたら、津波という恐ろしい大波が来るんだ。水が引いたらすぐに高台に逃げろ』と、私もお婆ちゃんからそういう話を聞いてた」って。

みんな信じてたんです。昔からの古老の体験と言い伝えで、海の水が引いたら、あっ危ないって、ぱっと高台に逃げた。だからどなたも被害に遭わなかったのです。やはり言い伝えということの大切さを、私もどんどん広め伝えていきたいなと思うんですよ。今の子供たちは知らないんですもの。大切な絆があって、ユイによって、ご先祖様が家を守ってきたのだから、ふるさとをもっと大事にしなけりゃいけないなって、それ聞いて思いました。

三陸の方では、ほんとうでしょうか、聞いた話なんですけれど、言い伝えで、「津波てんでんこ」って言うんだそうですね。津波が来たら、あの人どうしたべ、ああ、家にだれか残っている、そういうこと考えてはいけない。「津波は、てんでに、自分がわれ先に高い所へ逃げろ」というので、「津波てんでんこ」っていう言葉があるんだそうですね。

## 三　福島県にある二つの「まんぜろく」の由来

うちの方は津波はないのですが、今度の地震はかなり応えました。関東の方には、地震の時のおまじないというのがございますか。うちの方では、「まんぜろく、まんぜろく、まんぜろく」って言うんですよ。おもしろいんですけどね、そうやって信仰にすがるしかないのです。自然現象はどうにも抗しがたいものですね。だから、一生懸命そんなおまじないを唱えて祈るしかなかったのでしょうね。

先日、老人クラブでお話しさせていただいたとき、一人のお婆ちゃんが、「地震のときは、『まんぜろくって唱えろ』って教えられったのに、おれ、すっかり忘れてしまって、『なんまんだ、なんまだ』って言ったのよ」と思い出して笑っておられました。

福島県では全般にわたって、「まんぜろく」なんですが、おもしろいことには、県内でも県北の地方と浜通り地区では、その話の内容が違ってくるんですよ。

〈県北の「まんぜろく」〉

県北の「まんぜろく」はこんな話です。

半田山《はんだやま》っう山あって、その山の後ろに万歳楽山《まんざいらくさん》という山があったんだ。この山は今で言うホットスポットつうか、気の強い山でナィ、病の人が入っと、たちどころに治ってしまうんだと。ほんじも、ちっとの病の人だら効き過ぎで、ぐったりとなってしまう山なんだわ。

むかしは車なんと（など）無かったから、どこサでも歩いて行かねばなんねがった。

国見《くにみ》つうどこから隣町の桑折《こおり》サ行くのに、テッコテッコと万歳楽山の峠越えて行かねばなんねがったのよ。

その万歳楽山の裾の方サ岩むき出しになった、畳二畳ほどの大きさの、平たいとこがあったんだと。

毎日、そこ越して行く男がちょうどその場所で昼間になんだとな。

ある日、そこで弁当食って一服しったと。いやあ、むかしの人はうまいこと言ったもんだ。

「腹の皮張ると、目の皮たるむ」

ってナィ。

腹くちく（腹一杯に）なったっけ、眠たくなって来て、一休みのつもりで横になったれば、ぐっすり寝こんでしまったんだと。

目覚めたら、夕方になってたった。

「ありゃ、わがんね（駄目だ）、日暮れねうちに帰っぺ」

と、テッテテッテと急ぎ足で村サ戻って来たれば、村の有様見てたまげ果てっちまったど。ほんじゃって（だって）、家はぶっ返ってる（ひっくり返っている）わ、道路はわっ裂けているわしていたんだからナィ。

「なんのざまだ」

って村の人らサ聞いたれば、

「知んにかったのか、大きな地震来たんだ」

と教えらっちゃと。

そんで、その時間を聞いてみたれば、ちょうど万才楽山のとこで昼寝しったときだったんで、

「ありゃあ、そだに（そんなに）揺れたったのか。おら、さっぱりわかんねかった。あの山は強い山だ。びくともしねがったもんナィ」

となって、それから地震来っと、あの山に助けてもらうべと、「まんざいらく山」と唱えるようになったんだが、伝わって行くうちに、気ぃもんでゆっくり唱えていらんにべ、いつの間にか、「まんぜろく、まんぜろく」になったんだとサ。

〔浜通りの「まんぜろく」〕

浜通りの鹿島《かしま》という所から嫁して来た友人に聞いたお話です。

小さい時から、

「ホレ地震だ、まんぜろく語れ」

と言われて来たので、

「なんでほだ（そんな）こと言うの」

と聞いたら、婆ちゃんに教えられたそうです。

むかしは娯楽なんと（など）無かった。旅芸人が回って来るのが唯一の楽しみだったんだ。

そん中でも人気があったのが万才師のロクつう男だった。うんとおもしかった。

そのロク、大きな鯰《なまず》飼ってたんだと。むかしは、

「鯰暴れっと地震来る」

て言われったかんナィ。ほんで地震来っと、

「ロクの鯰ヤロ暴れてんだ。早く静めてもらわねば」

となって、皆して、

「万才のロク、万才のロク」

がいつの間にか、「まんぜろく」になったんだと。

日本でおもしろいなあと思うんですよね。そんなふうに、ほんとにあったことかどうかわかりませんけど、信じていたんだと思います。

例えば、「津波てんでんこ」なんて言うのも、大切な言い伝えではないかと思ってます。「家を見に帰って水に呑まれた」というような例を、今回も多く耳にしました。「自分の身を守れ」という大切なことを、短い言葉で言い伝えて来たということ。これはぜひ今後に備えて言い伝えていってほしいものと願ってます。「まんぜろく」は別にしても、「津波てんでんこ」は生きる手段、拠り所ではないかと思っております。

## 四　地震に関わって語られた「時鳥」の由来

地震って、今度こそ痛切に感じましたけど、今まで地震といっても、阪神・淡路大震災についても、私を含め子どもたちにはピンと来ないんです。テレビから流れてくる情報等で知識としてしかとらえられていないんですね。

そこで、痛みを感じてほしいなと思いながら、昔話を通して地震の話を子どもたちに語っているのです。

むかぁしむかし、あっとこにナ、姉ちゃんと妹住んでたと。この姉ちゃんは優しくて、妹の面倒よく見ったのよ。ところが妹、我がまま気まま、ろくでなし。姉様とこはたいたり（たたいたり）すんだと。そんでも姉ちゃんごしゃあがね（腹を立てないで）、

「痛ぐねよ。ボット（はずみ）だべ、堪忍すっから」ってナィ。

ある日、姉様、表見たら、いい天気だった。よし、今日は髪の毛洗うべ、すぐ乾くべからって思ったと。

むかしは皆、髪の毛長くしったからナィって子どもさ言うの。

「むかし、シャワーあったか。ねぇべ。ドライヤーなんてものもなかったんだよ」

と。

じゃから（だから）、髪の毛は洗うの大変だった。鍋サ水入れて火焚いてお湯沸かさねばなんねかったからよ。

そこで優しい姉様、妹の分も沸かして、

「一緒に洗うべな。お前の分も沸かしてくれたかんな」

と声かけたと。

したら妹、かわいくねぇなあ、「ありがとう」と言ったらよかんべ、言わねえで、

「洗ってやっから」

だと。

そんで二人でシャカシャカと髪の毛洗ったと。あと乾かさなくてなんねべ。

姉様はおとなしいから、縁側サちゃんコ（きちんと）お座りして、柱にぶっかかって（寄りかかって）乾くの待ったと。

妹、わがんね（駄目だ）、ほっちゃ行ってガシャガシャ、こっちゃ来てゴチョゴチョってナィ、わっしゃ（いたずら）しながらいたんだと。しばらくして、

「あら、乾いった。これ、姉ちゃん、髪の毛乾いたんでねぇか」

って声かけたが、返事がねぇ。

「なんだべ。聞こえねぇのか」

って振り向いて姉様の方見たれば、柱サ寄っかかって静かにしったもんだから、気持ち良くなったかして、ぐっすり眠り込んでいたんでねぇの。

それ見た妹、うわ、おもしぇ、寝てるうち、何かいたずらしてやっぺと思いつき、そこっと姉様の後ろサ回って、長い髪の毛二つに分けっと、片方の髪の毛の束、柱サぐりぐり、残りの束、反対からぐりぐりと柱サ巻きつけて、よいしょと結びつけてしまったんだと。

こんで姉ちゃん起きて、あれ、なんだべ、頭ねっぱって（ねばりついて）離れね、なんてたまげっぺナ、と楽しみにしながらいっと、大きな地震来た。

「うわあ、おっかね、でっかい地震だ。ここサは居らんに」

と、妹、裸足《はだし》でダッダッダッと外サ逃げて行ったと。ほして遠くまではねて来て（歩って来て）、はっと気づ

いたの。

「おら、おら、一人で逃げで来た。姉ちゃんの髪の毛結っつぱった（結いつけた）まんまだった。なじょにすっぺ（どうしようか）」

と後悔して戻って来たと。ほしたら家なんと（など）潰れていて、姉様の姿はねかったんだと。

「姉ちゃん、堪忍。髪の毛解けたか、髪の毛解けたかぁ」

って泣いて泣いて詫《わ》び続けていたったと。

泣いたって、わかんねナィ（駄目なので）、髪の毛柱サ結っつばらっちて、逃げらんにもの。瓦《かわら》落ちて来る、箪笥《たんす》倒っち来るして、

「痛てよー、おっかねよー」

と泣きながら潰れた家の下敷きになって死んでしまったの。

「姉ちゃん、堪忍。カミノケトケタカ、カミノケトケタカ」

て泣き叫んでいるうち、神様の罰当たって、妹の姿、鳥に変えられてしまったんだと。時鳥《ほととぎす》つう鳥コにナィ。

　この、時鳥つう鳥コは、雀《すずめ》や烏《からす》と違って、八千八声鳴かねと、止まんねんだと。

　今でも妹、姉様殺したことを詫びながら、

「カミノケトケタカ、カミノケトケタカ」

って、時鳥になって、喉《のど》から血流して謝り続けていんだと。

こんなお話を聞かせておりますが、ある時、一人の四歳くらいの女の子が、お話の途中、「早く父ちゃん呼んできて、助けて！」と叫んだのです。私は語り続けながら、「その家に父ちゃん居ねかったんだ」と言うと、ショベルカーを連想したのでしょう、「ガッコンガッコンブーブ持って来て」って。「むかしはそだ（そんな）ハイカラな機械はなかったんだよ」と語り続けながら、心に響いたんだという嬉しさで、胸が熱くなっておりました。「一人で逃げるんじゃないよ」ということも、地震の怖さも、確かに伝わっていくことを実感させられたひとときでした。

だから、「津波てんでんこ」なんていう言葉も、常時聞いていれば、避難の一助になるのではなかろうかと、伝えていくことの大切さを再認識させられた思いです。

そして、地震で姉様を失っても、天災に対して恨みや愚痴などは少しも入ってない昔話に、東北人、なんてすばらしいんだろうと、つくづく思われた次第です。

## 五　災害と「小豆まんまの唄」

水害などもひどいものです。これはそれを語った「小豆まんまの唄」です。

むかぁし、むかし、うんと貧乏な村あったど。その村の真ん中サ、でかい川、どんどどんどと流れておったの。その村ん中でも一番貧乏な家あって、おとっつぁまとおっか様、めんこい（かわいい）娘の三人暮らしをしていたったと。

おとっつぁま、体弱くて稼がんに、そんでおっか様が一人で一生懸命稼いでいたと。おなごの身で河原工事にまで出はって（出かけて）行ったりして、無理に無理重ねたんだベナィ、今度はおっか様、体ぼっこして（体をこわして）、死んでしまったと。

毎日鳴いて暮らしったが、おとっつぁま、泣いてばり（ばかり）いらんに、今度はおら稼がねばなんねんだと気ぃついて、弱った体で、ヨロラヨロラと働きサ行ったんだと。

そんじも仕事は半人前、貰ってくる銭も半分だかんナィ、まっと（もっと）貧乏になってしまったんだと。したら娘が塩梅《あんばい》（体の具合が）悪くなって、日に日に弱っていったと。ろくに物も食《か》せらんにべし、医者にもかけられね、薬も買わんにという有様ん中で、おとっつぁまは、痩せ細って、紙みてにベチャンとなって寝ている娘の姿、見守るしかねかったと。

そだら（そんな）ある日、死んだようになって眠っていた娘、うっすらまなぐ（目）開けてな、

「おとっつぁん」

「なんだ、おとっつぁん、ここサ居たぞ」

って呼びかけたれば、

「おら、小豆《あずき》まんま食いてなぁ」

って、今々つうときにナィ。おっか様丈夫なとき、お祭りどきでもあったたか、食わせらっちゃ味、忘れらんにゃくて、最後の願いを語ったんだったべ。

おとっつぁま、胸ぶっつあけそうになったことよナィ。米粒一つ、小豆の欠片《かけら》さえねぇんだもの。

そんとき、おとっつぁま、何やら心決めたようにして頷くと、

「よし、今、小豆まんま食《か》しぇっかんな」

ってしゃべっと、押し入れからちゃっこい（小さい）袋二つ取り出すと、懐さ入れて家飛び出したと。

行った先は庄屋様の穀倉。

お空のお月様サ手合わせて、

「お月様　堪忍してくなんしょ（ください）。おら、今、泥棒サ入んだ。泥棒悪いつうことわかってんだが、娘の最後の願いなんだ。どうか見逃してくなんしょ」

って拝むと、穀倉サ忍び込んで、こだちゃっこい（こんな小さい）袋サ米と小豆ちっとずつ盗み出して帰って来たった。

ほして小鍋でちっとばり（少しばかり）小豆まんま炊くと、

「ほれ、起きろ、小豆まんまだぞ」

って無理矢理、口の中サ押し込んでやったと。

「おとっつぁん、小豆まんま、うめぇなあ」

って一口食ったんだと。

それから毎日、一口ずつ一口ずつ食っているうちに、食いてぇ物食ったせいかなんだか、少しずつ良くなって、すっかり元気になったんだと。

いかったと一安心する間もなく、おとっつぁまは飲まず食わずの体で、稼ぎサ行かねばなんねかった。

そこで娘サ、

「お前、留守番しられっか、遠くサ行ってなんねぞ」

って言い聞かせたっけ、娘は、

「大丈夫だ。おとっつぁん、おら元気だもの」

って笑って答えたと。

おとっつぁまは這いずり回るようにして、やっと川原の仕事に出はって（出かけて）行ったんだと。

娘は、おとっつぁまの言うこと聞いて、家の前で鞠突きして留守番しった。自分でこしゃった（作った）

唄うたってナィ、

小豆まんまはうまいです
うちでは毎日、小豆まんまを食《く》ってます

なんて。

そんとき、庄屋様から訴えのあった泥棒とこ捜して、お役人二人で村ん中巡って歩いていて、ちょうどにその娘の家の前サ来たとき、その歌詞聞こえてしまったの。

二人で、

「こだ（こんな）貧乏家で、小豆まんまなんと（など）毎日食われるわけないべ」

と娘に聞いたったと。

「嘘だべ、毎日小豆まんまなんと食ってねぇべ、作りごとだべ」

したら娘、

「嘘でねぇ、おらのおとっつぁま、優しいもの、毎日炊いて、食わせてくれるもん」

いいも悪いもわかんねから、その通りしゃべっちまったんだ。

「よし、盗人《ぬすっと》見つけた」

となって、お役人様、おとっつぁまとこ捜して歩いて、川原で人足しったとこ見つけてお縄にしてしまったと。

まず、そのおとっつぁま、運悪かったのな。

「この川は、大雨降っと土手崩れる、また直しても雨降っとさえぼっこれっちまう（壊れてしまう）。この上は人柱を立てて、川神様にお願いするしかねぇ」

となって、人柱の人選してっとこだったの。誰も皆死にたくねぇべ、困っていっとき、お縄になっちまったおとっつぁまとこ見て、

「ちょうどいい、盗人《ぬすっと》だ。どうせお仕置きになんだから、こいつとこ人柱に」

となってしまって、沈められることに決まってしまったんだと。

その話聞いた娘、その場サはねて来て（大急ぎで駆けつけて来て）、

「おとっつぁん、おら悪かった。おれさえしゃべらなかったら、おとっつぁん死なねでいらっちゃ、おとっつぁん殺したのはおらだ」

って泣き叫んでいる娘の前で、おとっつぁんはずるずると水の底に沈めらっちゃんだよ。

その場で泣き叫んでいる娘とこもごさく（かわいそうに）なった人らが、いろいろ慰めても声かけてもわがんねぇ（駄目で）、泣き止まねかったど。

仕方ねぇから、抱きかかえるようにして家サ連れて行ったが、七日の間、泣き声は止まねかったんだと。

八日目、パッタリ泣き声止んだ。村の人らは食べ物なんど（など）差し入れて、声かけて励ますべとした

んだが、今度は誰、何言っても語っても、うんともすんとも言わなくなってしまったんだと。もごせ（かわいそうな）こど、目の前で父親死ぬとこ見たんだもの、心潰れて声も出なくなってしまったんだべナィ、と皆、そう思ったと。

やがて十年の歳月流れて、その娘も一丁前の年になった。

ある日、ボロ家の軒先にボヤーと寄っかかって、娘は庭の草むら眺めったと。

したら雉子《きじ》、

「ケーン、ケンケン」

と鳴いて飛び立って行った。そんとき、

「ズドン」

と鉄砲の音。雉子はぶち抜かっち、たたき落ちたったと。

それ見た娘、裸足《はだし》で庭サ飛び降りて、死んだ雉子ば抱き上げたと。

そんとき、鉄砲持った男ども、わらわらと出て来て、辺りほとり見回しながら、

「おかすいな、手応えあったんだが。あれ、なんだお前」

って言いながら、娘抱いった雉子見つけて、

「泥棒。おらの獲った雉子だ、寄こせ」

と詰め寄ったれば、娘、きっと後ろ向いて、雉子の頭撫でながら、

「雉子、なして（どうして）鳴いた。鳴かねぇで飛べば、お前は撃たんにがったものを。おらも十年間、しゃべねとさえ　おどっつぁま殺されねですんだ。おれがしゃべったばっかりに　おどっつぁま殺してしまったんだ。雉子、お前は、なして鳴いたんだ」

そうしゃべったんだと。

いや、皆たまげてしまって、

「お前、しゃべれるようになったんか、いつかんだ」

って口々に尋《たん》ねたが、今度は娘、誰に何言わっちも一言も答えねで、薄《すすき》の原っぱに消えて行ってしまったんだと。

これなんかも、飢饉の悲しみだの、水害だのの哀れな話ですけど、この中にも恨み言が入っていないんです。

そして、「おらがしゃべったから、おどっつぁん殺した」って。世の中に対する恨みも愚痴もないんですね。

前の「髪の毛解けたか」も、地震だろうが、身内の命を奪われようが、決して天災をなじってはいないということに、先人の偉大さというか、謙虚さを見習わなくてはならないと、語るたびに思い知らされてます。

自然の恵みをありがたいなって、謙虚な気持ちで受け入れられるようになってきた昨今ですが、原発（人災）は嫌です。

先人に学び、こんなふうに伝えていけば、災害時にも、ほのぼのとした、潤いが感じられるのではないだろうか、そんなふうに思っております。原発は次回にということで。ありがとうございました（拍手）。

総括

# いま、語ること

野村敬子

## 一　野村純一の願った資料の分散

「いま、語ること」というのは重いテーマでございます。このテーマをいち早く立ち上げてくださいました東京学芸大学の石井正己先生に、感謝申し上げます。

私は生まれが東北でございます。奥羽山脈を真ん中にして、太平洋側が今度の被災地、そして日本海側が故郷の山形県です。この山形県には現在、福島県から横浜経由で移動してこられた被災されたという人たちが暮らしています。その老人たちに来週もまたうかがって、お話をするということになっております。

本日これまでのお三方のお話は本当に重いですね。千年に一度という被災につきまして、深く重く受け止めさせていただきました。その被災からの立ち上がりは、何という言葉で表したらいいかわかりませんが、マラソンであればまだ走り出したばかり、まだゴールが見えてない状態であるような気がします。でも、私はいま一つだけ、「震災と津波によって非常に見えてきたものがある。それは精神文化である」ということを、みなさまにお話し申し上げたいと思います。

今日、ここで非常に大切なことを報告してくださった川島秀一先生の無事なお姿を拝見して、本当に安心いたしました。お元気そうですが、ご自身の心に悲しみを抱えていらっしゃって、お話をしてくださるのもつらいと思います。でも、それを研究者として乗り越えてお話をしてくださって、胸が張り裂けるような思いで聴いておりました。先生、ありがとうございました。

私のつれあいの野村純一は、昔話のことしか頭の中にないというような人でした。ずいぶん昔でございますが、「東京一極集中で、昔話資料を置いておくのは危険だから、地方に保存館を造ろう」と言い出しました。まず最初に災害の少ないとされる山形県の県庁に行きましたが、「何か変なことを言う男が来たもんだ。駄目だ」と一蹴されました。私の故郷の真室川《まむろがわ》町役場などあっちこっちに頼んでおりましたけれども、私たちは政治力がないものですから、うまくいきませんでした。昭和三〇年代のことです。世の中がまだ常民文化、無形文芸などの保存に全然動いてない頃でした。

野村は川島先生をたいへん大事に思っていました。このたび先生のお宅が津波で被災されていると知りまして、私は葉書を一〇枚ばかり投函しました。御無事を確かめたかったのです。野村は「彼は東北の海村の心を知る研究者だ。日本にとって大事」と言っていました。野村が生きていましたら、きっとそうするだろうと一枚でも届いてと葉書を出しました。

そうしましたら一四、五日して先生からお返事を戴きました。ご自宅は流出、お身内に悲しいことがあったということを知りました。私は「津波のことも含めて海の民俗研究をして行く」と書かれた先生の返信を握りしめて、再生の一歩を歩みはじめられたことを知りました。

## 二　心のふるさと三陸海岸を歩いた経験

この度の被災地は私どもの口承文芸研究のふるさとでもございます。私は日本海側に生まれましたが、研究のふるさとは太平洋側でした。昭和三三年（一九五八）、日本の口承文芸の学問に力を注いでいた臼田甚五郎先生の指導による國學院大學説話研究会の採訪で、初めて岩手県下閉伊《しもへい》郡に行きました。テープレコーダーを持っていました。これが最初に声を対象にした大学生の研究、声の学問の始まりでした。

最初に行きましたのが宮古、山田、岩泉、種市、安家《あっか》、あのあたりを大勢で調査をさせていただきました。その後、休みの度に出掛けまして、南下して宮城県塩釜や岩出山《いわでやま》などにも参りました。私が二十歳の時でした。そのテープは私の書斎にありまして、ＣＤで聴きなおしています。

有名な話ですが、昭和二九年（一九五四）、丸山久子さんが柳田国男の指導のもとで、テープレコーダーで佐渡の昔話を録音されたことがございました。貧しい学生に録音機は遠く、四年後に漸く声の収録が叶えられました。その録音機を持って、この度津波が襲った田老《たろう》にも行きました。

あの時、田老の小学校に連れていっていただきました。昔の津波の記録をとっていたものを見せていただきました。採訪の話は「津波田老」のことばかりでした。昭和四五年（一九七〇）に出ました吉村昭著『三陸海岸大津波』がありますが、私たちに話をして下さった方、その本にも同じ体験譚を語っておられました。私のノートには安左衛門さんというお名前があります。津波でどうなさったでしょうか。研究のふるさとが、たいへん気掛かりになってしまいます。

川島先生には私の物言いはつらいことだと思いますが、この度地球の上物を皆津波でなくしました。メディアは皆、全て、失った、と書き立てます。しかし私たち人間は本当に、すべてを失ったのでしょうか、と訴えてみたくなりました。生き残られた方々の中に内蔵された言葉の文化、見えていない無形の伝承文化、かつて聴かせていただいた昔話資料テープを再生しながら考えてみます。人は何を失って、何を得たのか。もう一度考え直さないといけないのだと思っています。私のところには昔の大型リールの録音テープがたくさんありますので、失われた風土の声を再生して地元にお返しすることも考えております。

そして私はいま、語りを聴き、語るということから始まる営みについて考えています。世の中には「つながろう日本」というフレーズがありますが、今、語りをすることで、つながっていけばいいと思います。被災された方それぞれの心から出て来た、言葉を一つひとつ聴くことが必要です。その言葉を糧にして災害の対策を講ずるべきと思います。方向性の定まらない行政の救済対策に対しても、皆が真実価値のある声をあげていくことが大切だと思わずにいられません。

## 三　学問の叡智を被災の現実に反映できない反省

アーツアンドクラフツ社の『やま　かわ　うみ』誌の創刊号は「災禍の記憶特集」ですが、「海の傍らに住むということ」と題した川島先生の言葉が入っています。文中の「現代社会の変容と海難者への供養について」は、人びとの心の姿として印象的でした。いち早く学際的見地からお声をあげられた被災地の声の形として重要と思われます。

石井正己先生は山口弥一郎先生の御著を扱われました。山口先生は私も一度だけフィールド調査で、ご指導いただいたことがございました。「なぜ学問が、人が生きる命の指針になりえないのか。どうして人は危うい海岸に下りてくるのか」。重い言葉でございます。学問の叡智は、どうやったら人の本当の意味の生きる力として伝えられるのでしょう。山口先生の言葉を噛みしめます。過去の業績の警鐘ですけれども、被災は繰り返してしまいました。百年後何をしていたら、この学問の叡智と結ぶことができるのでしょうか。

学問の叡智を被災の現実に反映できない反省は私も味わいました。この度は東北の被災者が関東に避難して来られました。それで避難所に名簿を頼りに捜しに行きました。採訪でお世話になった方の所在を求めて、東京、埼玉、栃木の避難所を訪ねました。

捜し当てたお身内は「残念ながら伯父は流されたのです。五月三〇日の新聞に訃報が出ておりました」と。悲しいことばかりです。避難所に行きました時に、私は必ず申し上げたことがございました。「昔話の語りをいたします。あるいは聴かせていただけるようにできませんか」。残念ながら語りの場をもつことは困難でした。「観光に来たんじゃないよ」。これが役所の方でしょうか、世話係の返事でした。

私は五〇年間、東北の採訪で語り手から何を聴いてきたかといえば、命に障るような大変な時には、「人はね、一人ではだめだから。必ず声を掛けてやるんだ」という精神でした。宮沢賢治の「雨ニモマケズ」の詩の、「東ニ病気ノコドモアレバ／行ッテ看病シテヤリ」「南ニ死ニソウナ人アレバ／行ッテコワガラナクテモイイトイイ」の精神です。

今、なぜ語るかというと、それは孤独に苛《さいな》まれた人に寄り添う人間文化の発露としての行為でした。

「賽子《さいころ》みたいに行き場所を決められ、将棋の駒みたいだな。ここが空いているから、ここに行け」「糸の切れた奴《やっこ》だこのような私たちは何をしに来たのでしょう」。テレビで言っている被災者の声を聴きました。孤独な姿でした。被災者は地縁とも血縁とも離れ、鎮守の森、菩提寺からも離れて、見知らぬ土地に来られているのです。

## 四　語りが結んだ福島からの避難者との関係

昔話は語り手と聴き手がいて、はじめて成立する対面文芸です。ここには必ず人が人に寄り添う人間関係の原形があるのです。しかし残念ながら現実、ここにも学問の叡智は還元できませんでした。しかし訴えを繰り返しているうち、栃木市で奇跡が起きました。語り手の間中一代《まなかかずよ》さんが努力されて、被災者と交流する語りの場ができ、語り手と聴き手の関係性が生まれました。桜花の季節でした。「花見行事に参加できないお年寄りが居られるので」と、施設の許可が出て、お訪ねすることができました。

福島県の相馬、浪江《なみえ》の方がた、お年寄りと小学生がおいででした。その子どもたちは親もとを離れて来ている様子で、かなり不安定です。お菓子などお年寄りから全部さらっていくので、「福島の子どもは行儀が悪いと言われるよ。断ってから食べなさい」とお年寄りは躾《しつけ》をしていました。感激しました。その子どもたちは「金が無いので、花見に行かれない」と我慢しているんですよ。不憫でした。語りあった、福島の方たちとは移動の時まで友人として話し相手になったり、携帯電話購入や個人的な相談にもあずかるようになりました。

栃木県ではもうひとつの実現ができました。特別養護老人施設に避難された福島県浪江、双葉からの放射能禍の老人たちと、語りの場が定期的に二カ所で行われるようになりました。一〇二歳、九七歳などの高齢者で、ベッド暮らしの方も居られます。宇都宮の野辺喜江子《のべきえこ》さんが福島出身を活かした福島言葉でのコミニュケーションで、故郷言葉・伝承言語の持っている力を再確認しました。

また、東京の「聴き耳の会」からもボランティアに出向いて、福島県出身の中川ヤエ子さんは毎回語りに参加、手を握り足をさすりながら故郷語りに交流を深めておられます。ショックで聴こえを失いかけた方に住谷信夫さんは紙芝居をして回路をとるなど工夫をしています。帰る住居を失った被災者はここが終《つい》の棲家となりますが、新しい家族として物語を形成し、共有するのも大事なことです。

## 五　被災から立ち上がるには感動が大切

昭和五三年（一九七八）社会科の教科書の中に民俗学を入れようとしました。佐藤輝夫さんという教科書検査官のお役人が大変に努力して、教科書に民俗学を入れた記憶がございます。五三年には北見俊夫さんたちが民俗学会で民俗学を教育の中に入れる努力をしていらっしゃるのですが、明確な結果が出て来ないようです。昔話についての教育現場での処遇についても気掛かりなところがあります。

これまでの昔話は岩崎京子作『かさこじぞう』など、作者が限定される児童文学作品が扱われています。作者を特定できない民俗文芸、民衆の知としての昔話とは決定的に異なる創作文学です。口承文芸学の教科書導入もはかって参りたいものです。

ただ今、私は横山幸子さんの語りを聴きましてたいへん感動しました。深入りして聴かせていただきました。昔話という単純な文芸に命を護る庶民の知恵が語り込められる。伝承言語のもつ力でしょうか。心情移入がありました。心の活性化というのでしょうか。語り手と聴き手が共有するものがありますね。それを私は「感動の法則」と呼んでいます。昔話の特徴と考えます。

いつも比喩として「人間が全ての物品を失ってしまったとしても、昔話は言葉で自分を検証し、その命に向けた感動の法則性を探して生き続けていくこともできる」と申上げて参りました。あろうことか現実となってしまいました。不運な体験ですが、さらに大きな可能性につながるかも知れないのです。被災から立ち上がるときは、物でも品でもなくて、やはり人間の証明としての心、感動がないと駄目だと申し上げたいと思います。

そして、この度気付きましたのは、子どもたちは、かつての日本民俗社会の子どもとは大きく異なっていた、という事実です。被災してきた子どもたちには「自我」があります。昔は子どもは子ども、年寄りは年寄り、と一括した考え方がありました。救済にも同じようなステレオタイプの対処がございましたけれども、子どもたちの現在は大きく異なっていました。

避難所で子どもたちを不安がらせているのは、生育史に根差した自己の固有財産の喪失、生育史を検証する物品を失ったことでした。自我そのものの危機を訴えてきていました。改めて心を表す物品時代の現代を知るところとなりました。心の表し方を模索して、粗暴なふるまいをしていたのかもしれません。それもそのはず、被災以来、避難所の子どもは学校に行っていません。間中さんの奔走で、翌日から退職された校長先生三人の協力を戴いて、移動するまでの毎日、午前中の勉強が始まりました。このお世話ができましたのは、子どもたちと間中さんが語りの場で、「語り手と聴き手」の関係に結ばれていたからに外なりません。読み聞かせ絵本で遊んだ子どもたちは、私には「一冊でも自分の絵本が欲しい」と言いました。後日、名前を書いて贈った絵本を胸に抱いて、部屋に走って行った子どもたちの姿を忘れることはできないと、間中さんは述懐されています。

避難生活では配給の物品に急場はしのげても、子どもなりに強烈な自我の渇きに苛まれていたのでしょう。断絶した日常を回復する難しさを知るところです。子どもの心の叫びを聴けましたのも語りの場の解放感でしょうか。

同じようなことは、お年寄りとの関わりにも見られました。私は語りの場で結ばれた方に、「何か困ったことは?」と聞きました。そうしましたら、「孫がここに避難して来て高校に入っています。でも私たちはもうすぐ、団体で山の奥の、県が借り受けた住宅に移るのですが、私はここに居たい」、「それでは家か部屋を探しましょう」と、あらたな個人史の出発に手を添えることにもなりました。人脈を辿《たど》り、翌週には「家が見つかった」と。遠いところに中心を持つ円と円が触れあうような偶然に結ばれて、不思議に澄んだ響きを奏でます。

昔話を語りあい、聴きあう人間関係がその原点にあります。語りの感動が優しさを運び、この内発的な文芸が人の心を奮いたたせます。被害救済のマニュアルに口承文芸学は全く関わりを見いだせませんが、被災した人に人が寄り添って言葉を交わす、その関係性、通い合う心のバランスを保つ感動の法則、生きるための古くて新しい基本的な民俗文化に注目したいものです。

【追記】

このフォーラムで津田尚子さんが「被災地に行きたいが、ネットワークが見えない」という問いかけをされました。被災の現実は既存のネットワークでは機能しない厳しさを明言したと理解しました。

その後、被災地に出向き現地で語りを手放さない語り手たちと逢うことも致しました。いち早く立ち上がった「みやぎ民話の会」「やまもと民話の会」の実践には敬意を表します。

これからの活動は語りの本源を貫く高い精神性が求められることでしょう。千年に一度の被災は語り文化の根幹にも鋭い刺激を与え、再考を迫ってきたことを実感します。既存の他者の思考に頼らないで、今、ここを実証する、自分らしい新たな歩みしか道は無いのです。栃木県での小さな実践には、津田さんたち「聴き耳の会」も東京から参加し、現在も続いています。心待ちにしてくださる被災者との出会いによって、ボランティアたちが語りの場の豊かな交流に学び、助けられることにも気付きます。埼玉県久喜市、森洋子さんたち「語りユニット・かたりかたり」の参加、栃木市民の描いた復興支援絵手紙八三三枚を、福島県川俣町の小学校などに届けるなか、語り訪問の企画など、次第にいろいろの方たちが手を結び、大きな環《わ》となっていく予感を感じています。

# 語りのライブ――原発事故と昔話

語り・中川ヤエ子　解説・野村敬子

## 一　栃木県で始めた語りのボランティア

**野村**　こんにちは、野村敬子でございます。

今日は中川さんに語っていただきます。今、ご紹介がありましたように、栃木市の特別養護老人ホーム「まろにえ四季の郷《さと》」（横山好子理事長）というところに、原発事故で住むところを失った老人たちがいらっしゃってます。男一人、女二人の方が見えておりました。同じ事業体の「かぬま四季の郷」が鹿沼市にもあります。そこにもお三方いらっしゃいます。そこにも語りボランティアに行くようになりました。

「聴き耳の会」会員が継続的に訪問していますけれども、最初は原発事故の当事者に会っても、語りができなかったのです。聞く力がないのです。その中で唯一語りが成立した中川さんに、私は大変敬意を払っております。新しい歴史を作っていただいたんですね。何があるかわからないという感じの語り体験でございましたが、今日はその経験を彼女と一緒にお話ししてみたいと思います。

中川さんは福島県東白川郡ご出身の語り手でいらっしゃいます。ボランティア活動をしていらっしゃる方ですが、自己紹介をしていただいていいですか。いつぐらいから語りはじめたのですか。

**中川**　六〇歳になったときですね。何かできるボランティアがないかなと思って考えて、講座を受けて始めました。

**野村**　「聴き耳の会」に聞きにお見えになったのも、ほんの偶然の出会いなんですね。「聴き耳の会」は「出会いの美しさ」というのがキーワードなんです。中野ミツさんの語りを聞いて、そして継承していくということだけで結ばれた、現代の語り活動をしている都市生活者たちの集《つど》いですね。

私がたった一人で聞きはじめた中野ミツさんの語りでしたが、延べ四〇人ほどで語り聞く会になりました。先般、語りの発表会というものをやりましたら、一〇〇人を予定していたところに、何とみなさん、二三〇人がお集まりになりました。すべて聞く方は語り手でしたけれども、語りの現状というのを認識していただくとよろしいと思います。

原発事故に遭われた方々が都市社会に移動してこられたときに、しっかり対応しているかというと、なかなかそれができなかったということをまず認識してみたいと思います。難しいことだったんですね。私は今まで、みなさんと同じくらいの学生たちに、船が難破して漂流したとき、流れ着いた所で、自分が自分である証明を何にするか。住基ネットも保険証もみんな失くして、宝石も真珠もみんな失《な》くして、裸かもしれない。そのときに自分が自分であるという証明を何にするかということを聞いてました。

そのときに、自分の体の中に打ち込まれた言葉の文芸というものが自分を証明するということを、学生たちに説明をしてきました。しかし、去年の三月一一日以来、その比喩が現実になってしまった。今回、都市の中に地震、津波、原発事故に追われるようにしてお出でになった方々を目にして、私はそれが言えなくなりました。昔話とか、自分の中にある言語行動が自分を証明するという人々に初めて会いました。言葉に詰まりましたね。そして、そうした方々が千年に一度の災害と原発事故という歴史的被害で、語る力も聞く力もなかったことを知りました。

**中川**　そうですねぇ。会ったときに、その方を見るのも辛くって。こちらから出向いたのに、自分自身の方が涙声になってしまって、語ることがちょっと辛かったんです。最初は緊張していて体も硬かったんですけれども、だんだん話が進んでいくうちに、この辺（左肩）に触って、その人に聞いてもらってたのです。そしたら、話が中ほどに進むにつれて、だんだん柔らかくなって、ああ聞いてくれてるんだなぁって、初めてそのとき実感しました。

**野村**　中川さんはもうふるさと・福島なまりが少なくなっているんですけれども、福島県の昔話に近いものを語っていただいたんですね。原発の浪江《なみえ》というところから来られた方々が同じ部屋に三方いらしているのですが、お一人の方はまだ何となく聞いてあげるという感じがありました。

ボランティアに突然行きまして、コミュニケーションするときには、福島の言葉で接しました。私は山形弁ですから、「ずん（爺）ちゃん、まめ（達者）であったがやぁ」なんて言うと、だいたい通じるんです。「ずんちゃん、どっからござった（来られた）なぁ」って言うと、「おらぁ、浪江の方から」って、こういうふうに言われるのですが、とても喜んでくださった。そんな感じの中で、一人だけ聞けない方がいらっしゃったわね。

**中川**　そうですね。「おらぁ、耳が聞こえねんだぁ。

だから、おらには語んねぇでもいいんだぁ」とか、おっしゃってたんですけれども、片方の方に話しているうちにですね、その人もだんだんと耳を傾けて、ああ、どっかできっと聞いてくれてんのかなぁって、そういうふうな感じはありましたね。

**野村**　語りのボランティアに、「おらぁ、耳が聞こえない」とか、「死ぬときになったわぁ」とかって言うんです。こう自己抑制が非常に強い方がいらっしゃったんですが、中川さんはタヌキの昔話を選ばれたんですよね。どうして選んだの、あれ？

**中川**　そうですねぇ。物語の背景が田舎の人たちにはこんな話だったらちょうどいいんじゃないかなあと思って。子どもの頃でしたら、山仕事だったり、畑仕事があったり、辛くってもずっとずっと我慢して、がんばって、それで終いには良いことがあるような、そういう話だったら聞いていただけるかなと思って、その話を届けに行きました。

## 二　「タヌキの糸車」という昔話

**中川**　「タヌキの糸車」はこんな話です。みなさんどうぞ聞いてくんなんしょ。

　むかし、まずあったと。

　ある山里からずうっと離れた山の中に、若い木こりがかみさんと二人で暮らしていたんだと。木こりはな、山で木ぃ切ったり、炭を焼いたりな、ときにはまた、山鳥やウサギなどを獲って細々と暮らしていたんだと。かみさんはな、そりゃあ働きもんで、朝は暗《くれ》ぇうちから起きてな、木こりの仕事を手伝ったり、夜になればなったでな、糸車回して、糸を紡《つむ》いでいたんだと。

「なぁ、おめえさん、おらたちも、一生懸命働いて、金が貯まったら、やっぱり村さ住んで人並みに暮らしてぇもんだな」

「んだんだ、早くそうなりてぇもんだ」

って、こうやってな、いつも二人でしゃべってたんだと。

　人里離れた山ん中の夜は、そりゃあさびしいもんだ。シーンと静まり返った夜空。風の音。ときにはフクロウの鳴く声が聞こえてくるぐれぇでな、そのさみしいこととといったらねぇ。そんな夜にな、キークルクル、キークルクル、キーカラカラって、かみさんの回す糸車の音がかすかな音をさせていたんだと。

　そりゃあな、月のきれいな静かな晩のことだった。いつものように、かみさんがな、糸車回していたんだと。そしたら、障子の陰にタヌキの姿が映っていたんだと。そのタヌキな、障子の破れから、あのくりくりっとした目玉二つ出してな、かみさんが糸車をとる手つき、じーっと覗《のぞ》いてんだと。かみさんがな、糸車、くるくるっと回すとな、そのタヌキの目玉、くるくるって回ったんだ。

かみさん、たまげてしまってなぁ。やあー追っ払おうかと思ったんだけんども、いやいやいや、タヌキはなんも悪さしたわけでねぇ、そう思ってな、知らんぷりしてたんだと。そしたら、今度はそのタヌキな、障子の破れから目玉はずしてな、障子の向こうで、かみさんの糸車をとる手つき、真似《まね》してんだと。それがな、なんとも影絵芝居でも見ているようで、めんこくて(かわいくて)、おかしいんだと。

それでな、あーぁ、こうだ山ん中だもの、おらだってさみしい、タヌギだってさみしいに違《ちげ》ぇねぇ、タヌギだけだって、こうやって来てくれるだけでも、おらぁ、どんなに嬉しいかわかんねぇなぁって、そう思っていたんだと。それから、そのタヌギな、毎晩木こり小屋にやってくるようになったんだと。

あるときだ、かみさんな、そのタヌギ、だんだんめんこくなってな、やぁ、あのタヌギのやつに、なんか食いもんでもやっぺかなって、そう思ったんだと。そしたら、裏の方でな、ガチャンと音がして、

「ギャー」

って悲鳴が聞こえてきたんだと。かみさんたまげて裏に行ってみると、なんとまぁ、あのタヌギがな、片足罠《わな》に挟まっち、逆さまにぶら下がってもがいてるんだと。

「いやぁ、かわいそうじゃなぁ」

って、駆け寄ってなぁ、かみさん、

「ええか、なんぼ小屋へ来たってかまわねぇ。そんでもな、罠になんか挟まったら駄目だ。すぐにタヌギ汁にされちまうんでなぁ」

って、そう言いながらな、罠、外してやったんだと。そしたら、そのタヌギな、嬉しかったんだべな、かみさんの顔、あのくりっとした目玉二つでな、何度も何度も見上げて、そして、急いで山の中さ行ってしまったんだと。

あくる朝になってな、木こり、罠が切られてるのに気付いてな、

「やぁ、おめぇ、惜しいことをしたぞ。タヌギのやつ、罠切って逃げてしまった。タヌギ汁食いそこなったわい」

って、そりゃあそりゃあ悔しがってんだと。そんじも、かみさんな、

「そうだ、小屋の周りに、罠なんて掛けねぇほうがいいんだよ」

って、そうやって知らんぷりしていたんだと。

やがて、柿の実が色づき、栗の実も落ちてな、木の

葉がくるくると風に舞うようになって、山にも冷てぇものがちらほらと降ってきてな、木こりは、もう木を切ることもやめ、炭小屋も閉めた。

「やぁ、今年の山仕事はもう終わりだ。そろそろ山から下りるぞ」

「そうだねぇ」

って。かみさんな、山へ向かって、

「おーい、タヌキさーん。春が来るまで元気でいるんだぞー」

って、そう声をかけてな、二人は山を下りていったんだと。

それからの二人は、町でな、あっちの家で半日、こっちの家でひと月とな、雇われ仕事をしてな、冬の仕事を手伝っていたんだと。凍《い》てつくような寒い冬の日、水は刺すようにひゃっこくて（冷たくて）な、手も足もあかぎれとひびでな、血がにじむ。それはな一日一日が、辛《つれ》ぇ毎日だったんだと。そんじもなぁ、二人は、春が来るまで、春が来るまでって、じいっと辛抱して働いていたんだと。

やがて、鶯が鳴きだし、赤《あけ》ぇ椿の花が咲いてな、若《わけ》ぇ二人にやっと春が巡ってきたんだと。二人は、米だの塩だの、身の周りに必要なものをな、いっぺぇしょいこんで、山小屋へ帰っていったんだと。閉め切ったままの小屋の前に立ったときな、

「あぁ、あんれぇ、あのタヌキのやつ、冬の間も、ここさずーっと遊びに来てたんだなぁ」

って。かみさんが見るとな、小屋の周り、タヌキの足跡いっぺぇついてんだと。

「いやぁ、タヌキも冬の間元気で良かったなぁ」

って、かみさんが戸を開けて、家さ一歩入るとな、

「あんれまぁ」

ってたまげてしまった。

それもそのはずだ。座敷にな、きれいに紡いだ真っ白な糸が、束ねて山のように積んであるんだと。それを見た木こり、いやぁ、こりゃあ不思議なことだ、こうだ山の中さ、誰も糸を紡ぎになんて来る者はいねぇ、不思議なことだなぁって、思っているとな、あの音が、キークルクル、キーカラカラって、聞こえてきたんだと。それは物置小屋の方から聞こえてきた。

かみさんが行ってみるとな、なんと、あのタヌキの大きな尻尾がな、板戸に挟んだまま出してあんだと。そして中ではな、タヌキが、まぁ、そりゃあ上手に糸車回しているんだと。そんで、糸車がいっぺぇになったらな、その糸をきれいに絡めて、かみさんがやってるのと同《おんな》じように絡めてな、ちゃんと脇に積んでるんだと。タヌキ、かみさんに見られているのに気付いてな、まぁ、転げるようにして下りてきて、

「やぁ、お帰りお帰り。無事でぇ」

って言わんばかりに、もう、かみさんの周り飛び跳ねてるんだと。かみさんはそれ見てな、嬉しくなった。それからしばらくするとな、タヌギ、山の中さ、また行ってしまったんだと。

かみさんは、その後ろ姿見ながら、あのタヌギ、おらたちのために、寒い冬の間もなぁ、こうして糸を紡いでいてくれたんだなぁって、熱いものがこみ上げて、胸がいっぺぇになったんだと。木こりもな、うーん、おらぁ、どうもあのタヌギに悪い考えを持っていたようだ、おめぇが言うとおり、あいつは本当にいいやつだ、さみしがり屋で、おどけ者でなぁって、そう思ってたんだと。あたりは、すっかり澄みわたって、春の明るい日差しがいっぺぇ輝いてな、小鳥のさえずり、草花もちらほら咲いて、二人は改めて、豊かな気持ちがとめどもなくわいてきてな、胸がいっぱいになったんだと。

木こりは、かみさんの幸せそうな顔を見てな、山の方さ向かって、

「おーい、タヌギさーん。これからは友だちになっぺなー。待ってるから、また遊びに来いよー」

元気な声で叫んでいたんだと。はい、これでおしまい（拍手）。

## 三　旅芸人を泊めた家に育った節回し

**野村**　みなさん、いかがお聞きになりましたでしょうか。

彼女がナオヨさんに向かって語っても、ナオヨさんは毛布被っていました。私は後ろで見ていて、一緒に聞きながら、彼女は聞いていらっしゃるのかなと思って心配してました。こちらを向いた中川さんは、先にお話をいただいたように、ナオヨさんの左肩を毛布の上から手で触っていらしたのね。「東北の人は肌に直接触れられるのが嫌だから」と言って、毛布でその身体に触っていらしたそうです。それは後ろからではわかりませんでした。振り向いた顔は涙が出てましたね。

ナオヨさんは、昔話が終わったとたんに毛布を取って、ぱっと顔を出して、「おもせかった（おもしろかった）」って言ってくれました。今度、私が泣きました。隣の、「おらぁ耳が悪い。ちっちゃいときから聞こえがないんだ」と言っていた方も、こっち向いてちゃんと聞いていらっしゃった。もう一人、カーテンのレールを挟んでいらっしゃる、マサエさんというおじいちゃまですが、その人も聞いていらして、うなずいてくださいました。

原発事故に遭われた三人の新しい家が始まっていました。「初めての家庭を作るんだったら、物語が必要でしょうよね」と施設の方に言いました。施設にはそうした言語活動というのがまだないようでした。ただ寝て、起きて、風呂に入って、ご飯を食べてというローテーションをこなしていくケアに加えて、人には言語活動が暮らしの中でとても大事だと思いました。「今、語る力もまだ見えないし、芽出しもないようだから、私たちがお世話をさせていただきます」と言いました。

一緒にケアをする若いスタッフを育てることはとても大事なことです。今、お年寄りの施設に、お年寄りの生きていく新たな物語が不足しています。ですから、原発事故で移ってこられたみなさんの新しい暮らしの物語を作っていくということが必要です。彼女と彼は波をかぶってびっしょりと濡れて、双葉の施設にいらしたそうです。「逃れてきたときに下着から何から全部濡れて、ここへ来たとき、自分の私物は一切なかった」とおっしゃってます。ですから、心にも新たな歴史を作っていかないといけないんですよね。

それでまた、中川さんがどんな昔話を語ってくれるかしらと思ったときに、この、ほのぼのと温かくて、そして、みんなを喜ばせたのは、今のような話でした。都会の人はみんなタヌキって言うんです。東京ではタヌキって言うんですが、タヌキ（ヌにアクセント）って言ってあげたんです。タヌキが来た。そのタヌキに、とてもみなさん喜ばれて、心がほぐれていったようでした。

ほんのりとした心の揺れや風景を読み込んだこの話は作家物のようで、筋道のある、純然たる昔話ではないと思います。彼女が仕込んできた、子どもに語る昔話なんですけれども。彼女の節回しというんですか、これは福島バージョンなんです。そこには彼女の個人史がちゃんとあって、みんなが心を開いていって、魅力を感じてくれたもとなんですね。彼女の育った家《うち》のこと、ちょっと聞いてください。これ、昔話研究上もとても興味のある話だと思います。

みなさん、浪曲師・三波春夫の昔の名前知ってる？

南条文若。若い頃の南条文若は、三波春夫のドサまわりの名前です。彼が来て、彼女の家《うち》で語ったそうです。それを彼女は幼児体験に持っていらっしゃったので、みんなが耳を開いていく。独特の節ですよね。私もこの節に魅了されているのですけれども、その幼児体験を少し話してください。

**中川**　はい。私が子どもの頃はですね、生家にいろんな行商の方とか、旅回りの芸人とかが来ました。父親が浪花節が好きだったので、たくさんの人が来て、家を宿にした。どうして宿かっていうと、天井がすごく高い、一二畳ぐらいの一間があって、「ちょうど発声にいい」って言ってましたね。そういう人たちが来ると、私たちはまだまだ鼻たらして、ちっちゃいときだったんだけど、村の人たちにね、「よう、今晩なぁ、おら家で浪花節語るから、聞きに来ておくれ」って、一軒一軒触れまわってね、農作業が終わった夜、日が沈んで暗くなった頃に、村の人たちがみんな集まってきた。寝たきりの人がいると、リアカーに乗せて家の人が連れてきて聞いたりしてました。

あと、呉服屋さんだとか、占い師とか、毒消し売りの人とか、そういう人たちが年に一回、浪曲の人たちは三度ぐらいは来てたように思います。とにかく多くの人たちが出入りをしていました。そういう中で、「子どもは人が来てるときに、そこへ姿を見せちゃいけない」って、うちの父親は言いました。囲炉裏端があると、納戸《なんど》っていうところがあって、子どもたちはそこでみんな大人たちの話を聞いたりしていました。私も自分の語りに節があるなんてのは、全然わからなかったことなんですけれども、子どもの頃、浪花節聞きすぎたからかなぁと思ってます。

**野村**　これが福島のみなさんにとても通じましてね、「おもしろい。この次、いつ来る」と言ってくれたんです。最初の体験では、彼女の話に相槌を打ってくれず、まるで何かに籠っているように毛布をかぶった聞き手を相手に語って、どんな気持ちだったかって思いました。でも、最後に、「おもせかった。次、いつ来る」と言ってくれました。節のある福島バージョンのタヌキの話で、閉ざした心が少しずつ和らいでいってくれましてね。

## 四　東北弁の言葉を持っていくことが慰問

**野村**　原発事故でお見えになった方は最初別室にいらっしゃるんです。フロアにはデイ・サービスの人とか、そこに入居している人がまた別だてに集まって、「聴き耳の会」の別の語り手がそこで語ってるわけです。混じってないんです。公園デビューに失敗した子どもみたいに、別なんですよね。で、何回も行ってますけれども、私の今のテーマはそこのみんなと矜持《きょうじ》を持って福島の方々が接してゆくことです。「いいだっぺぇ」と言って、栃木にも方言があります。福島弁と栃木弁と方言で交流できるようにしてみたい。年をとっても、不思議ですね、みんなが共有する空間というのをつくるのは難しかったのでしょうか。分かれてましたね。

**中川**　分かれてます。

**野村**　鹿沼でも一人だけ別室にいらっしゃるのです。これから一生そこで生活していくことになるようです。ですから、あんまり孤独な姿で、ずうっと福島の原発を引きずっていくっていうことになったら、どんなでしょうね。できましたら、新しい、そういう楽しい時間を共有したい。

そして、私は、「私たちは『聴き耳の会』です。本当は語りだけのボランティアに来たんじゃないです。みなさんが発する言葉を聞きに来てるんですよ」と何回も言いました。そうしましたら、一回やって終わった頃です。フロアから、「関東のべぇべぇ言葉がなかったら、井戸の釣瓶ぇ、どうするべぇって。それか?」って。ああ良かったと思いました。関東の入居者が方言の語りを聞いて、自分の方言を回復してくださったのです。みんなでそれを復唱して帰ってきました。

そんなふうにして、少しずつ人々の心が和らいできたのを知ることができました。今、みなさんにお回ししている立派な『浪江町史　民俗編』がございますので、二日目はそれを持って行きました。脳梗塞で具合悪くなったという話を聞きましたので、語りを聞くのは無理だろうと思って、その民俗誌を持って行って、中川さんにも話をしていただいたのです。どんな感じでした?

**中川**　笑ってましたね。「今はお話を聞くことも、話すこともできなくなってます」って、施設の職員の方に言われたんですね。で、先生がお持ちになった浪江の本を開いて見せたら、もう顔の色がスーッと明るくなって。ページをめくって見せたら、もう顔が笑ってる。どんどんどんどん見せていったら、なんと大きな声を出して笑いはじめたんですよ。そして、お話もする。笑いがなかなか止まらなくなってしまうくらい。

**野村**　何を見せたんです?

**中川**　モンペだったり、農機具だったり、その方たちが小さい頃あったものとか、何事もなかったら、今もそういう生活が続いてるんだろうという、普段手にしてるようなものですね。そういうものがたくさん載ってたんです。それを見て、「おらぁ、聞こえねからぁ」って言ってる人まで、「あれ、それ」なんておっしゃってたんでしたっけ?

**野村**　さつま芋掘りの鍬《くわ》だって。

**中川**　鍬だって、私も名称まではちょっとわからなかったんですけれども、その方が自分の意見言って、それからは、「おらんちはなぁ、いっぱい田んぼも畑もつくってたんだぁ」って。そして、「若いときは一生懸命働いてたんだぞ」って。自分のことを、いっぱいいっぱい話すようになってました。

**野村**　ほんとに驚きました。民俗誌をそういうふうに見たことはありませんでした。私は昔、浪江の調査をしたことがありました。その民俗誌口承文芸編をつくった編纂委員の大迫徳行さん、富子夫人は友人です。豊かな浪江には、立派な民俗誌をつくることができる時代があったんですよね。今日では入って行けない場所を調査しましたので、いろんな話ができたんです。このとき、民俗誌の新しい利用の方法を知りました。そんなことで、心の回路がだいぶ緩やかになって、閉ざした心が少しずつ緩んでくると思いました。

来月の初め、私たちはまた参りますけれども、「この次、いつ来るの」って言ってくれる。そして、最初は毛布をかぶっていた彼女が、窓に顔を見せて送ってくれるようになりました。大変嬉しかったんです。そして、中川さんの語りも変わりました。

老人施設の人たちは、事故の折々、「空いてるところのベッドがありますから、あそこへ行きなさい」と、玉突き現象のように、物のように送られるんですよね。そして、聞くところに拠りますと、被災した元気な人たちが老人施設に備蓄した水と食料を使う。定位置を求めて避難するお年寄りたちは、横浜経由で全国のいろんなところに、点として送られたそうです。横浜に行って休む暇もなく、山形の私のふるさとの施設に搬送されたお年寄りもいらしたとか聞いています。突然の災害でお年寄りの人たちに非常に不運な現象が見られました。

男の方が搬送のときに骨を折っておられました。だから、最初の訪問の時に、「まろにえ四季の郷」の入居者は、「なんにも、おらぁ、おもしぇことないから、骨なんかね、ずっと、つながんないほう、いい」って言うんです。「じんちゃ、そういうこと、ないべぇ」って言ってきました。こうして通っているのは、結局は、東北弁の慰問なんですよ。食べるものを持っていくとむせますし、病気に障りますので、何も持っていけない。私たちは言葉を持っていくだけなんですね。中川さんと私が出かけていく意味は、ズーズー弁でいることの好ましさなんですね。そして、みなさんと話をしながら、ふるさとの思いを確かめ合うことをしてまいりました。

中川さんは、このあと、大勢のデイ・サービスの方の前で同じ語りをいたしました。感激しましたね。あんなに辛い語りをした後に、すばらしい語りをもう一度。

**中川**　辛かったねぇ（笑い）。

**野村**　相槌一つ打つわけでもない。聞いているのか聞いていないのか、わかんないような語りをさせてしまったんです。でも、最後に、「おもせかったぁ。いつ来る」って言ってくれた、その感動です。命が際立っているわけです。死ぬ前に、ニューギニアで語りをしていた、命が極まった人たちの語りについて聞いてました。同じ意味で、これはもしかしたら、私たちが体験した最も極限状態の語りだったということかもしれません。もう研究歴五三年でも非常に辛い体験ですが、中川さんをつき合わせてしまったんですよ。彼女がデイ・サービスの人の前で語るのを後ろから見ていましたら、語りがにおい立つように美しかった。語りを聞いてくれる人、相槌を打ってくれる人の前で語ることは楽ですね（笑い）。それで、車で二時間半揺られて帰ってくるんですが、中川さんに、「あなたはにおい立つようで、今日の語りは美しかったわぁ」と申し上げたんです。そういう語りに会ったのは初めてでございます。

## 五　「あんちゃまの祝言」という昔話

**野村**　この次行って語られる一話、それをちょっと披露してください。楽しい語りです。

**中川**　じゃ、今度はね、こんな話。

　むかし、まずあったと。

　あっとこにな、ちょっと怠け者のあんちゃまがいたんだと。このあんちゃがな、年頃になって嫁さま欲しくなっちまったんだと。ああ、おらぁ、嫁さま欲しいなぁ、どうせもらうなら、美しいあねさまいいなぁって。口はよ、ちょっとおちょぼ口でな、鼻なんかスラーっと高くて、目は切れ長でなぁ、色白《しれ》ぇのあねさま、いいなぁって。仕事もしねぇでな、毎日そぅだことばっかり考えていたから、そのあねさま、とうとう夢の中さ出てくるようになっちまったんだ。

　夜、寝てるどきな、その美しいあねさま、あんちゃまの方見て、にこたーって笑うもんだから、あんちゃま、もう嬉しくなって嬉しくなってなぁ。ますます、仕事、手につかなくなってしまってな、田んぼも畑も、草ぼうぼうになっちまったんだと。それ見かねてな、隣の婆さま、嫁の話持ってきてくれたんだと。

「おめぇな、そぅだに、ふらっかふらっかしてねぇで、少しは仕事したらどうだ。田んぼも畑も、あぁだに草だらけにして、しゃんめぇ（どうしようもない）。おらが、いいあねさま、世話してやっから、嫁さまもらえ。ええあねさまだぞ。気立てはいいし、頭もええ。丈夫で働きもんだ。その上な、身上もいいしな。おめぇには勿体《もったい》ねぇぐれぇのあねさまだぞ」

　隣の婆さま、あんまりいいあねさまだ、いいあねさまだって言うもんだからな、あんちゃもついつい夢ん中のあねさまのこと思ってな、

「うんうん、もらうもらう。すぐもらう」

って、見もしねぇで祝言あげることになっちまったんだと。

　そして、祝言の日な、嫁さま、角隠しなんちゅうも

の被って、下ばーし向いてるもんだから、ずうっと気にしてたんだけど、顔なんかちっとも見られね。隣に座ったんだけんども、顔なんて見られねんだと。そのうちな、祝言も終わって、隣近所の人も帰《けえ》ってな、親戚の人も帰《けえ》ってしまったんだと。そしたら、座敷に二人っきりになってな、嫁さま、あんちゃまの前でな、三つ指ついて、

「どうぞ、よろしくお願いします」

って、深々と頭下げたんだと。そしてな、ゆっくり顔上げた。

「ありゃぁー」

　あんちゃま、たまげでしまった。口は、ぶっちゃげたみてぇに、でけぇしな、鼻なんか、ぶっちくれて天井向いてんだと。目だってな、どこにあるかわがんねぇんだと。あーぁ、こうだわけじゃねぇ、こうだはずじゃねぇって、あんちゃまな、がっかりしたのなんのって。

「おらぁ、この縁談は承知できねぇ」

って、その夜、あんちゃま、あっちの方向いて寝でしまったんだと。そしたらば夜中な、夢ん中さ、あねさま出てきてな、

「なんだおめぇ、こんなどこまで出てくるな」

って言ったら、そのあねさま、くるっと振り向いたんだと。そしたら、顔、のっぺらぼうだったんだと。

「いやぁー、たまげたぁ。おらぁ、こぅだのいやだぁ」

って。いくら、どんなもんでも、付いてるとこには、付いてるもんがあった方がええなぁって、そうやって思ったんだど。

　次の朝な、まんま食うどき、嫁さまの顔見たら、やっぱり承服できねぇんだと。あーぁ、おめぁ、せめてなぁ、口なんか、ちょこっとおちょぼ口だったらいいなぁって、思ったんだと。そして、夜、寝たらな、またあねさま、夢ん中出てきて、そのあねさま、今度な、口がねぇンだと。

　いやぁー、どうだら口でも、あるとこにはあった方がええって、そう思って、また次の朝な、まんま食うどき、嫁さまの顔、見たんだと。そんじも、やっぱり承服できねぇんだと。せめてなぁ、鼻ぐれぇ、スラーっと高かったらええなぁって、そう思ったんだと。そしたら、夜になったら、またあねさま、夢に出てきてな、今度は、その顔に鼻ねぇんだと。

　いやぁー、どうだらぶっつぶれた鼻でもええ。あった方がええ、そう思ったんだと。それで、次の朝、またまんま食うどき、嫁さまの顔見たんだと。やっぱり承服できねぇんだと。あーぁ、目ぐれぇなぁ、せめて切れ長の目だったら良かったのになぁって、思ったらな、また、夜、あねさま、夢ん中さ出てきてな、今度

は目がねぇんだと。あーぁ、どうだら目でもええ、あるとこにはあった方がええって。あんちゃまな、毎晩毎晩、そうだ夢ばかり見てるもんだから、あんべぇ（具合）悪くなってな、頭抱えて寝込んでしまったんだと。

一日寝た。二日も寝た。三日目の朝になってな、あんちゃま、腹でも減っちゃったんだんべな、まんまなんか食わねで寝てたもんだから、ふらふらっと起きてきてな、まんま食うどき、嫁さまの顔、じっくり見てたんだと。そしたらな、なんとも味のある顔なんだと。ほんでな、見れば見るほど飽きが来ねぇんだと。それからちゅうもん、二人はな、一生懸命働いて、

「あははは」

「おほほ」

って、いつまでも幸せに暮らしたんだとさ。おしまい（拍手）。

**野村**　みんな喜んでくれると思いますよ。やっぱり、笑いというものはいい雰囲気になるんです。

三回目に行きましたときに変化が出ました。これはミヨ子さんのことを申し上げましょう。その部屋に中川さん、いらっしゃらなかったんですが、住谷信夫さんが紙芝居を持っていったんです。ミヨ子さんは、「おらぁ、耳、聞こえない」って言うものですから、耳が聞こえない方には紙芝居をしてもらいましょうと思って行った。そうしたら、ミヨ子さんがなんとしゃべってしゃべって、身の上話を始めて、紙芝居は見ない。今度、自己発信をしてくれるようになったのです。一方でナオヨさんは、「孫が一五人、ひ孫が一七人、五人の子どもがいる」という身の上話をしてくれる。やっと言葉を回復してくださいました。今度、「聴き耳の会」の一同は、みなさんの発信を受けに行くという、本来の目的ができるかもしれないと思いました。

私は勤め先の学校が栃木市なものですから、授業が終わるとちょっと様子を見に行きます。これで七回目ぐらいになりますが、みなさんが発信をしてくれるようになりました。私の目的は、「聴き耳の会」の「聴く」ということになると思うんです。みなさんのライフ・スタイルを新しくしていくときの語りの力というのは、これからもう一度仕切り直しをして考えないといけないと思っております。

まだ活動を始めたばかりでございますが、実は大きな体験を致しました。三月一一日直後から被災施設を、東京都も栃木県もだいぶ回ったんです。何十人も何百人も見えてるときに、みんな心細がって、ぽつんと一日中じっとしていらっしゃる。だから、「昔話をしましょう」と回りました。でも、理解していただけませんでした。昔話の関係というのは、語って聞く以

外の何ものでもないんです。昔話の語り手と聞き手の関係というのは、新興宗教を押し付けるわけでもなく、物を売るわけでもなく、人間関係としては最もシンプルで、私は崇高なものだと思っています。被災の時こそ、この人間関係が必要なのです。

私が「昔話を語らせてください」と行くと、お役所は、「ばあちゃん、観光に来たんじゃねぇぞ」って言って、私を追い払いました。私は本当に無念でした。石井先生にも申し上げたいのは、口承文芸学会ができて三十何年ですが、避難所には医学者も心理学者もケースワーカーもいましたが、口承文芸学者は入れないのです。やっぱり口承文芸学というのは、もっと社会化する必要があって、大学でも協力をしていただいた方がいいと思います。学問としてまだ若いのですけれども、いざというとき役に立たないのは無念でした。だから、人間が人間と会って、心を交わしあう昔話という文芸の原形に立ち戻っていく学問であることを、もう一回、私は訴えてみたいなと思っております（拍手）。

（二〇一二年七月六日、東京学芸大学にて）

# 第二部
# 震災と語りに寄せて

浜口梧陵翁銅像（左）と
広川町に残る堤防（下）（2012 年）

エッセイ

# 三・一一大津波はそこまでやって来た

岩本由輝

てんとう念仏の丘

二〇〇九年の夏、福島県相馬市柚木《ゆのき》字蓬田《よもぎた》に住む荒一《はじめ》さん（一九二八年二月二日生）は、現在、相馬市内の小学校学区ごとの郷土学習資料作成のために、それぞれの学区内の「史跡・伝承・地名・開発」などに関する丹念な聴き取り調査を進めている佐藤隆さんに、日立木《にったき》小学校学区の柚木集落についていくつかの興味深い話を提供しております。そのなかに、正式の地名ではないが、通称のいわれとして、

　急《いそぎ》の坂　一ノ坪の松橋信夫氏宅と松橋正氏宅の間の坂。

　津波に関わる坂で、大きな津波が来て急いで駆け足で坂道を登った。それ以来、この坂を「急の坂」というようになった。

というものと、

　てんとう念仏　蓬田一〇八、紺野初江氏の宅の北を右折し、東の江入堤《つつみ》の北東の道を登る。

　津波が来たときにこの山に登り、念仏を唱えて津波が収まるように祈ったところである。それで、この地がてんとう念仏といわれるようになった。

　てんとう念仏の山道は古くからの道で、現在も車が一台通れる程度の砂利道である。八沢浦の縁《ふち》にも道はあったが、柚木から磯部の金草に行く近道がこの道で、藩政時代からの道である。私の家の牧草畑

旧八沢浦干拓地における津波到達図

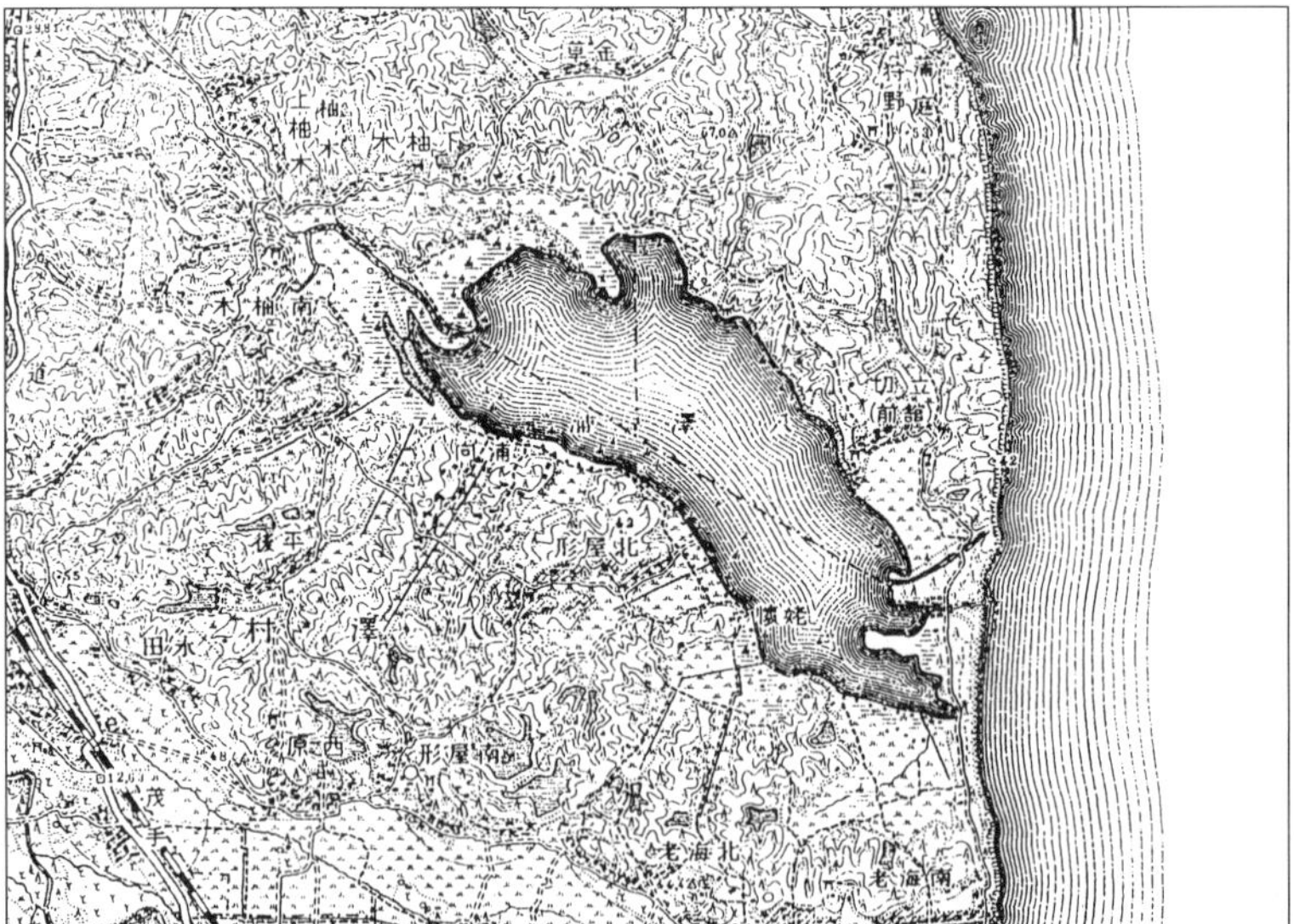

1908年(明治41年)当時　干拓本格化以前における八沢浦

（現在は雑草地）があった。

という話がありました（佐藤隆『郷土学習資料5・日立木小学校学区に歴史を訪ねて』相馬市立日立木小学校地区郷土史出版委員会、二〇一〇年四月、八八頁）。

荒さんの津波にまつわるこの二つの話が貴重なのは、採話の時期が二〇〇九年夏ということからわかるように、二〇一一年三月一一日の大震災後に、そういえばといって思い出されたものではないからであり、別に防災意識の啓発といった肩肘張った場で話されたものではなく、自分が聞いて育った集落に伝わるさまざまな話とともに淡々と述べられているところに大きな意味があります。

荒さん自身それまで津波を直接経験したことはありませんが、二つの話は一八七八（明治一一）年生まれの祖父武左衛門さんから聞いて育ったものだそうです。福島県の相馬地方では、一六一一（慶長一六）年旧一〇月二八日に相馬領内で七百人が溺死したとして記録されている津波以来、それらしい津波に見舞われてはいないので、実は武左衛門さんにも津波の経験はなかったはずですが、大事な話として孫の一さんに伝えておいてくれたのでしょう。

私たちには津波というと、三陸リアス式海岸を連想するという〝常識〟がありました。おそらく一八九六（明治二九）年六月一五日と一九三三（昭和八）年三月三日の三陸地震大津波や、一九六〇（昭和三五）年五月二三日のチリ地震大津波を社会科や理科の授業で学ぶなかで培われたもので、相馬地方の人々もそうした〝常識〟を抱いており、少なくとも三陸地方の人たちのように津波をわがこととして深刻に考えることなしに世代を重ねてきましたが、そうしたなかで、荒さんが自分の住む地域の津波にかかわる口碑伝承を平時に話してくれたこと自体が、三・一一以降の私たちの心構えの重要な指針となるものです。

荒さんの住む柚木集落はかつて存在した八沢浦の北岸から西岸にわたる地域です。ちなみにその南岸は現南相馬市鹿島区です。八沢浦がかつて存在したというのは、そこが米の増産のために一八九六（明治二九）年から干拓されることになり、一九一一（明治四四）年に太平洋への海口岩壁に手動式閘門《こうもん》が設置されたことで工事が本格化し、一九三〇（昭和五）年までに三百ヘクタールの美田を有する八沢浦干拓地になっているからです。

その八沢浦干拓地に三・一一大震災における大津波が、太平洋の荒波から干拓地を守るために何回も改修を重ね、万全と考えられてきた海口閘門をいとも簡単に突き破り、かつての八沢浦の範域を越えて、この地区の津波の到達点を示す付図にみるように、それよりもずっと広く、荒さんの話に出てきた急の坂およびてんとう念仏をあげたという丘のすぐ近くまで迫ったのです。荒さんの自宅はその丘の登り口にありますが、坂や丘がなければ津波はもっと奥まで入りこんだことでしょう。急の坂や念仏の山は地域の人たちが過去の津波の経験から設定した避難場所だったのです。私がこの小文に「三・一一大津波はそこまでやって来た」と題したのは、もっぱらこの事実を強調したかったからです。

この付図は、現在、編纂が進められている『相馬市史』の自然部会の真鍋健一さんと竹谷陽一郎さんが震災直後から現地踏査を行い、二〇一一年五月六日に作成された相馬市全体の津波到達図の一部を使わせて頂いたものであることを記し、感謝申し上げます。改めて付図を眺めると、干拓前の八沢浦を津波が襲った過去において、浦の周辺に住む人たちがとるものもとりあえず、少しでも高みを求めて急いで坂を上り、また丘の頂きに来て念仏を唱え、津波が収まるのを祈っている姿を髣髴《ほうふつ》とさせるものがあります。

私はこの小文を書くにあたって荒さんにお会いしましたが、荒さんも佐藤さんに話をしてから二年も経たないうちに、目の前まで津波が来たことにびっくりしておりました。私も口碑伝承を疎かにしてはならないことを改めて実感しました。荒さんの住む柚木集落では、今回はてんとう念仏の丘よりもさらに高みにある相馬第二工業団地のいくつかの工場の駐車場に避難して、たまたま海口近くに用事で行っていて津波にまきこまれた二人を除いて無事でした。

しかし、八沢浦干拓地の南相馬市鹿島区分の海口近くの南海老集落の人たちが海口段丘上の山田神社境内に避難し、また避難しようとして、海から直接、段丘に襲いかかった津波のために四〇人ほどが犠牲になっています。そして、そのうちの二一人が荒さんの菩提寺である鹿島区南屋形の浄土宗阿弥陀寺の檀家であり、同寺住職の藤原英雄さんはその葬儀の導師として大変悲しい思いをしたと述懐しておられました。ただ、襲いかかる津波のなかで山田神社境内の松の木の枝にしがみついてただ一人助かったお婆さんがいるとのことでしたが、いまはそっとしておいてあげて下さいといわれ、お会いすることは遠慮しました。

最後に三・一一大津波では、歴史的にみて津波襲来頻度の低い宮城県南部から福島県浜通りで多くの犠牲者が出ました。そうしたところにも昔、大津波のときてっぺんに舟を繋いだという銀杏、杉、松などがありました。また、津波のときに地蔵が舟に乗って山頂に逃れたという御舟《みふね》地蔵の伝説もあります。さらに東京電力福島第一原発のある福島県双葉郡大熊町の海岸から一〇キロも離れた野上向山地区に大津波のとき、畑で魚が拾え、森で貝が採れたという「魚畑《いよばたけ》からかい森」の説話がありました。

これらの話には何か象徴的な意味があると感じられますが、およそ四百年も津波が来ることがなかったため、風化してしまっておりました。それを風化させたのは、津波が長いことなかったということもありますが、科学的でないという批判でした。現代人は科学的ではないといわれると致命的です。私なども浅薄でも科学主義の方が重厚なオカルティズムよりはましだと思っているところがあります。

しかし、科学的と称する地震学や津波学のいい加減ぶり、あるいは原発を動かせても制御できない原子力科学の醜態をみていると、口碑伝承など科学的でないと嘲笑していた科学そのものが実は浅薄なオカルティズムに堕していたのではないかといわざるをえません。原発事故にあたって腰を抜かし、ただ右往左往に終始した普段偉そうな口を利いてきた自称専門家は、要するにド素人にすぎなかったのです。自動車の運転免許試験で、自動車の発進はできても停止させることができなければ不合格ということの意味は、あえて説明するまでもないでしょう。大飯《おおい》原発再稼働の政治的判断は、こうしたお寒い技術的状況のもと、鯰《なまず》ならざる泥鰌《どじょう》によって下されたのであります。

エッセイ

# 三・一一を語り継ぐために

小野和子

2011.3.11大地震 大津波を語り継ぐために
被災体験を語る６人の語り手

## 一 「みやぎ民話の学校」を開く

二〇一一・三・一一
大地震　大津波を語り継ぐために
―声なきものの声を聴き
形なきものの形を刻む―

この「よびかけ」のことばを掲げて、二〇一一年八月二一日、二二日、二日間にわたって、「第七回みやぎ民話の学校」を開催しました。

会場として選んだのは、東日本大震災によって壊滅的といわれる被害を蒙った本吉《もとよし》郡南三陸町にあるホテル観洋でした。このホテルは奇跡的に被災を免れて、その後、町の避難所として、多いときには六〇〇人の被災者を受け入れ、町の復興の拠り所となってきました。

しかし、「学校」開催のチラシを配布しようとした五月には、まだ水道が復旧していませんでした。トイレも簡易トイレで我慢してもらわなければなりません。大きい不安がありました。大量のペットボトルを用意して備えたらどうかということになって、その準備にかかっていたところ、さいわいなことに、七月末には水道復旧の見通しがたったという情報を得ました。ほっとしました。

「学校」のプログラムの中心は、川島秀一先生の基調講演につづいて、被災された六人の語り手によって、三月一一日の体験を語っていただくことでした。

「あの日」の体験を語る六名の方々のうち、五名までが民話の語り手でした。そして、一名は町の生き字引といれる物知りの古老です。民話や昔の暮らしの話をとおして、お付き合いをしてきた仲でした。語り、聴く、という両者をつなぐ親密な日常があったからこそ、被災のつらい体験を語ることに同意し、力を貸してくださったのだと思います。

とはいえ、大震災からわずか五カ月がたったばかりです。家を流され、身内を失った語り手たちに、その体験を語ってもらうことに、大きなためらいもありました。迷い、苦しむ日がつづきました。

## 二　語り手のことばに励まされて

そんなわたしたちを励まして、学校の開催に踏み切らせたのは、実は語り手のみなさんのことばだったのです。

◇「みんな失ったが、わたしには民話が残っていることに気づいた。生きているかぎり語っていこうと自分を励ましている」といわれた大正一三年生まれの小野トメヨさん。持って逃げた手提げだけを残して、相馬郡新地《しんち》町の自宅と畑、すべてを津波にもっていかれたのでした。

◇「民話を語っていて良かった。形あるものはみんな無くなったけど、民話が胸に残っている。これを命綱にして生きます」といってくださった庄司アイさん。昭和九年生まれで喜寿を祝うはずの年でした。津波が来るとは予想だにしなかったのに、亘理《わたり》郡山元町の自宅は流され、夫と孫と愛犬と一晩を水の上で過ごし、九死に一生を得られたのでした。

◇「先祖が、耐えて、苦労して築いてきた町を取り戻すために、これからも昔のことを伝えて、古里に恩返ししたい」という鈴木善雄さんは大正一五年生まれ、八四歳です。お住まいの名取市閖上《ゆりあげ》は町全体が津波で消えました。その中で最愛の妻きよ子さんを失い、きよ子さんが丹精された畑や庭、思い出に満ちた家、みんな無くされたのでした。

◇「先祖伝来の家は流され、田圃《たんぼ》、畑、みんな海水をかぶって百姓はできなくなったが、これからは民話と、好きな民謡を生きがいにする」といってくださった土見壽郎《じゅろう》さん。、被災後も語りと唄の稽古を手放しておられません。大正一四年生まれです。寒風沢島《さぶさわしま》という塩竈《しおがま》湾に浮かぶ島で農業をしておられました。

◇「民話でつながっているみなさんに会うと、なんだか、みんな戻ってきたって気がするよ。これからも語って、人のために尽くしたい」と、しっかり手を握ってくださった高橋武子さん。昭和一三年生まれです。ここ南三陸町で家を流され、兄上を亡くされました。

◇「震災以来、がっくりしてなにも語る気がしなかったけど、民話のみなさんに会って、はじめてよくしゃべったよ」という仲松敏子さんは、昭和一八年、戦争の最中に生まれ、兵役中だった父上の戦死によって、その顔を知らないまま大きくなられました。一階部分に水が上がり、瓦礫《がれき》に埋まり、片付けに泣いたといいます。南三陸町の語り手でした。

なにもかも流され、身内を失いながらも、なお今後を生きようとする気持ちは壊されていない――語り手のみなさんのことばは、それをはっきりと物語っていました。胸を打たれました。

そして、わたしは先祖が連綿と語り継いできた民話の本質をつきつけられた思いがしました。いま、のどかに語りなされるひとつひとつの民話の内側には、こうした抜き差しならない現実が、いつも横たわっていたのだということ、そういうなかで民話は生まれ、語られてきたのだということ、そのことにあらためて気づきました。それは無数の、今は亡き人の思いを背負うものであるのだということも、心に染みました。

## 三 「語り」「聴く」ということ

語り手のみなさんのことばに支えられて、みやぎ民話の会は「学校」を開催しました。

参加された二〇〇人の聴き手を前にして、そこに繰り広げられた六人の語り手の体験話の世界は、すでに民話の語りでした。

聴く者たちへの温かい配慮に満ち、時には笑いさえまじえて、その苛酷な体験を語ってくださいました。そして、語ることによって自身を客観化し、聴くものを信じて自分をぶつけ、ともに生きる力を得ようとするつよい意志さえ感じさせました。聴く者は、語り手たちの苛酷な体験に耳を傾けて、泣きながら笑ったのでした。

「学校」に寄せられたアンケートのなかには、次のように書かれたものもありました。

「六人の方たちのお話は、そのあまりにも悲惨な内容ですら、その語り口が昔話のようになっていることに、まず驚きました。『語る』ことの意味をあらためて感じました。『語る』ことによって、少しずつ自分を解放できる方々。『語る』ようになれるまでに、どれだけ血の涙を流されたことだろうかと思います」

そして、「わたしはせめて聴き手にならなれると思って参加しました」とありました。参加の意図を「せめて聴き手にならなれる」という真摯《しんし》な姿勢に置かれていたことは、語り手の心にそのまま響いたのでした。

体験を語ってくださった語り手のお一人は、あとで、こんなことをいわれました。

「おれたちの話をみんな本気になって、聴いてんだね。なんぼかでも辛い気持ちを分け合いたいって思ってんのが伝わってくるんだね。話を聴いてもらって、ほんとよかったよ」

語った人も、聴いた人も、ともにそこからなにかを汲み取って、それを明日の力につなげようとした、そんな「語りの場」が、生まれていたのです。

「語る」ということ、「聴く」ということ、この営みの根源的な姿がそこに、確としてありました。

## 四　そして、その後のこと

地元の放送局に勤務する友人から、この得難い語りを、もっと多くの人たちと共有できないものか、という申し出があったのは、それから数カ月後のことでした。「学校」について一貫して協力の姿勢を示し、地域のマスコミ人として、この震災に向き合う姿勢に、わたしはいつも目を見張ってきたのでした。

六人の語り手のその後を含めて、「あの日」の体験をもう一度語ってもらって、それを番組として放送し、さらにＤＶＤに収録して、より多くの、そして、より広い範囲の人たちに手渡したいという企画でした。

六人の語り手と十分な話し合いをしたあと、その企画を受けることにしました。

そして、それぞれの土地をたずねて、八月以降の語り手たちの日常を、映像として記録したものも加えられました。映像はまた、語り手の現在の暮らしを、生きるその姿を、ことばを越えて生々しく伝えるものになりました。

　そんな時、一人の語り手がいわれました。

「去年の八月の自分と、いまの自分は違っている」

と。

　ごく当然ともいえるこのことばが含む意味は深いものがありました。つまり、昨年の八月時点では、まだ半ば夢中で、興奮状態ですらあったものが、時間が流れるにつれ、襲ってくる喪失感と寂寞《せきばく》の思いの果てしなさに、われを失うことがあるのだといわれるのです。

　このことばを裏付けるように、二〇一二年二月に採録された語りには、ある変化がありました。本筋は変わらないのに、ことばの節々に漂う「何か」が、すこしずつ違うのです。その変化のなかに、被災された語り手のみなさんの、今と未来への不安と、ほんとうの苦悩が潜んでいるのを感じました。

　話の芯は変わらないのに、「何か」が時間の流れのなかで少しずつ違っていく――それは当然の成り行きではあります。

　が、その変化の姿に潜む思いを辿《たど》り、語り手の話を何度でも聴くことによって、それをつぶさに記録することがもしできたら、「大震災を語り継ぐ」という営みの成就《じょうじゅ》に向かう第一歩になるのかもしれないと思っています。

　それが、これからのわたしの課題です。

エッセイ

# 小さな町を呑みこんだ 巨大津波
## ——発刊に寄せて

庄司アイ

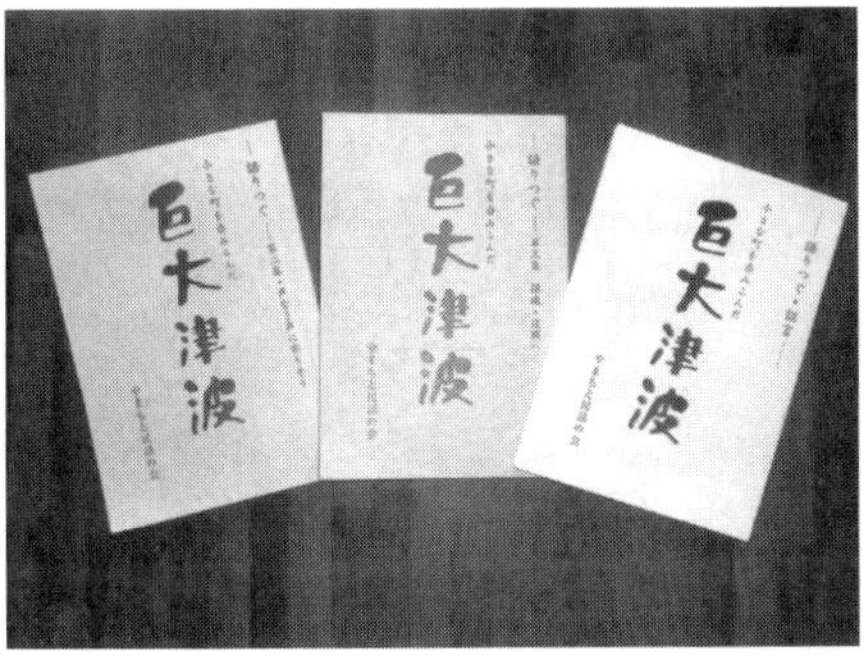


私の家は海の見えない、海を感じない所にありました。

私の集落の東方には、ＪＲ常盤線が走り、さらに、産業道路・県道亘理《わたり》相馬線沿線には集落が続いています。そして、仙台港まで続く防潮林、砂浜、海と対峙する七メートルの完璧な防潮堤が構築されていたんです。

あの日。三・一一。

経験したことのない大振れ。多くの人の胸には「津波」のことも一瞬はよぎったはずです。

でも、

でも、

私達の地域のみんなは、常盤線を越えてくる津波を予想した人はありませんでした。ところが、津波は、常盤線を超え、六号国道も超え、昔の江戸浜街道も超え、つまり、常盤線を三キロメートルも超えて駆け上がったのです。

私の津波体験を語ってみます。

振れのあと、外出していた孫娘（中・二年）が帰宅。愛犬を抱いて庭から外へ出ました。それが、途轍《とてつ》もない声を出して、

「ばあちゃん津波！　早く二階に！」

と、駆け込んできました。私も玄関先にいたので、一瞬振り向くと一キロメートル前方の常盤線のあたりに「モク、モク」と黒い塊のようなものを見ました。「津波？　津波って、海の水が来るんだよねっ」と、不審に思いつつも、孫の声がすさまじいので、夫と二人続いて二階に上ったのです。夫は振り向いたのでしょう。

「ああっ、二階まで水っ」――なんです。一足先きに上った孫は、

「ああ、横山さんち、ダメダー」

と悲嘆の声。

西の方に見える道路で、横山さん家族四人が乗って、発車した車が津波に呑まれたというのです。

二階にもどっぷり水が入ったので、急いで一段高いベランダに出た時、私が、

「動いた、動いた」

と声を出しました。家が動きました。それからは、三人と一匹無言の漂流でした。

私の家は、百メートル西の岩佐さんの家の前を流れた時、家は北を向いていました。岩佐さんの息子さんは、二階で津波を見ていたのでしょうね。私の家はすれすれに流れたので、私と目が合いました。五百メートル西は戸花山《とはなやま》です。山で止められ流れは北に、しかし、山の麓に並んで建っていた家は一軒もありません。こうして七百メートル位北に行った時、引き波になりました。波足が速く、グラグラと廻転しながら流れ、太平洋にむいていたのです。見渡す限りガレキの海、家は勿論、立木もありません。

幸い、何かに支えられたか、家が止まりました。そして、やっと三人が顔をあわせました。

夫は、「ここ、どこ?」と云ってました。夫は、二階に上ってからのこと、すべて記憶がなく、空白のまま漂流していたのです。流された記憶は、未だにありません。

その後、二波、三波の波だったのでしょう。ベランダは水位が高くなり、ビール箱二つ見つけて台にしても膝を超える水、孫は、尾根に上ると屋根に手をかけました。夫は、

「三人束になって」

と、覚悟めいたことを言いました。

そのうち、引き波になって、ガレキの流れのすさまじかったこと。

――夕方五時近くだったと思う。二階の部屋の水が膝までになった時、比較的水の引きのよい奥の部屋に、机や箱物を寄せ、戸板をおいて、夫は居場所をつ

くってくれたのです。暗くなる前、私達は中に入りました。

ぬれねずみの如き三人と一匹。

励ましあって一夜を過ごしました。

十二日、昼近くなって、ガレキを越えて息子達が来てくれ、私達は救出されました。

ガレキを越えるのにも私はくつ下一枚、戸花山の下にあがるまで三十分程かかりました。

私の家は、箱積木を組立てたような家だったので、二階の五つの部屋が離れずに、そのまま流れたようです。鉄骨の家は骨組だけ残りましたが、壁は打ちくだかれ、人も家財も持っていかれました。一般の木造住宅は形をとどめず、バラバラに流れたようです。

はじめに私が見た、常盤線あたりの黒い塊を、津波とは見ず、何たる天変地異、液状化がおきたのか、など不審気にしていた自分でしたが、まさしくこれが「津波、津波」だったのです。

一瞬の異変に、私はすっかり天国の人になり、両親や夫の両親たちにも逢えた気分で「空」の境地、民話などやっててよかった、人生に悔いはない。と、心静かに流れていたのです。……そして思いを馳せました。

ふるさと相馬に語りつがれた「お諏訪さまの大杉」の話、隣り新地《しんち》町の「小鯨」や「舟越地蔵」の話。みんな大昔の大津波伝承の話だった。そうなんだ、本当にあった話なんだ。私は夢のように、今ある自分とこれらの話を重ねてうつつの世界におりました。

そして、あれっ！と思ったのです。自分は民話を語って来た過去を振りかえったのです。まるで人ごとのように、「あったそうだ。あったんだどやぁ」って語って来たこと。「そうではダメだったんだ。あったること、あったんだ」と真実を込めなければならなかったことに責めを感じていたのです。

丁度一年前、平成二二年の二月、私はふるさとの小学校で一時間の時間をいただいて民話を語りました。「先輩に学ぶ」という授業の一環として企画されたものでした。

私は、七〇年前、ここ大野国民学校の一年生だったのです。私は幼いころのふるさとの風景に思いをめぐらせ、地蔵川や光照寺等にまつわる伝説、そして「お諏訪さまの大杉」の話もメモに留めて参りました。みなさん、しっかり聞いてくださったけど、津波伝承の真実を十分語っていなかったことが反省として残ります。（大野地区は海岸から離れていたこともあって、今回、被災は免れたようです。）

そして、もう一つ心によぎったこと。

「民話のどの話にも、根拠があっからね。世間では、民話は史実にねぇ、つくり話だべぇ。そんなごと言《ゆ》って民話を甘く見てる人あっけんど、大事な根っこあっから……。特に地名なんどは、歴史を語ってっから」

これは、私が採訪で出逢った古老たちのことばです。口承、語りつぐことの根源として、感銘深く心にとめたのです。

私は皆さんに「奇跡の生還だったね」とか、「助かってよかったね」と、言ってよろこんでもらいましたが、甚大を被災の現場を体験し、続く訃報・隣人、知人、縁戚……。私の心は真暗でした。喪失感を隠そうと頑張ればがんばる程、心はのめっていました。

災害から一一日目、私の生き甲斐の場所であった「みやぎ民話の会」の島津信子さんが来てくれたのです。その時我れにかえったように、民話が熱く、私の身に甦《よみがえ》ったのです。

「私には民話が残った」と。

そして、やさしい仲間がいて、民話は続けられる、民話があれば大丈夫と。私の状況が変り、前進し、再起したいと思いました。

私の町、山元町にも民話の会をおこして十数年になります。仲間一〇人程で楽しく、たまにはきびしく、「語りつぐ」ことをやって来たのです。ところが今回仲間の大事な一人が犠牲になりました。三人が被災して避難ぐらしでおりました。

五月中旬に私の避難の小さな部屋につどいました。退会の方もありましたが、寄りそって会をつなげようと話し合ったのです。そして今回の巨大津波も「語りつごう」と提案しました。皆で、「小さな力を寄せあおう」と確認出来たのです。

私達は、聞き取りのため足を運びましたが、皆さん語れる情況ではありませんでした。また、訪ねたい方にも連絡は取れません。それで、身近かな方、友人などを訪ねて頂けた体験談を冊子にしたのが第一集です（八月一日発行）。

第二集は、亡くなった方、地域を支えた文化財やふるさとの風景など、声なき声に寄りそう、を胸に聞き取り、記録させてもらいました（十二月一日発行）。

私達の証言集は、町内の皆さんや民話や語り等を大事にしてこられた方たちの協力をいただいて、全国にむけて発信できました。

第三集は、鎮魂と復興をテーマとした内容をいただいて、現在校正に入ったところです。四月中旬には上げたいと進めております。

震災から一年。
　ああすればよかった
　こうあるべきだった
皆さんに反省があります。想定外というけれど、想定などあり得なかった現実です。災害に対して、あまりにも無知であったこと。

まさしく、津波の伝承もなく
自然への畏敬も忘れ去り
そして、原発という人災
今、一番大事なもの、それが
　命であること、命を語ること
私達は、あったることをありのままに、
語りつぐことに使命と責任をもつ。

平成二四年三月十一日　記

**小さな町を呑みこんだ巨大津波**
**第一集　語りつぐ　証言**
**第二集　語りつぐ　声なき声に寄りそう**
**第三集　語りつぐ　鎮魂・復興へ**

やまもと民話の会編集・発行
価格　各五〇〇円（送料別）

申し込み先　〒989-2203　宮城県亘理郡山元町浅生原
字日向一三‐五
山本町歴史民俗資料館内
やまもと民話の会
TEL FAX　〇二二三‐三七‐〇〇四〇

エッセイ

# 失われた気仙沼の風景

和久津安史

気仙沼市波路上牧附近（2012、3、31 撮影）

## 一　初めての気仙沼　気仙沼での採訪

気仙沼に初めて行ったのは、大学二年生の時、昭和五六年三月に、國學院大學民俗文學研究會での口承文芸の採訪で、「宮城県気仙沼市及び本吉郡採訪」の予備採訪でした。

この時は、研究会会員一三名が参加し、本部の気仙沼班、本吉《もとよし》班、唐桑《からくわ》班、大島班の四班編成を組みました。

上野駅から一ノ関駅まで、夜行急行「十和田五号」に乗り、一ノ関駅で乗り換えて、朝の九時近くに気仙沼駅に到着。駅からは班ごとに各採訪地に向かいました。

気仙沼班は三人、全員で市役所の市史編纂室に伺い、市史編纂室の職員として川島秀一さんに会いました。その日、私は、川島さんと二人で本町の佐藤とよさん、小々汐《こごしお》の尾形栄七さんのところで話を伺ったことを覚えています。

春の予備採訪は三日間、夏の本採訪は七日間、最後の報告会は気仙沼大島で行いました。さらに追採訪として、翌春に三日間行いました。

当時の採訪は、国土地理院発行の五万分の一の地図を見ながら、公共交通機関と徒歩で、各集落をひとつずつ採訪していくといったものでした。話者を探して、ほとんど事前の連絡なしで伺っていました。二年生の僕は、「どうしたら家に入れてもらえるか（自分が何者で、何をしに来たか分かってもらえるか）」「昔話はどういう順番で聞くのがよいか」「次に行った家でおじいさんがいたら伝説から聞いてみようか」「世間話はどのように聞けばいいか」など、話の切り出し方や聞く順番などを考えながら地図を頼りに毎日歩いていました。

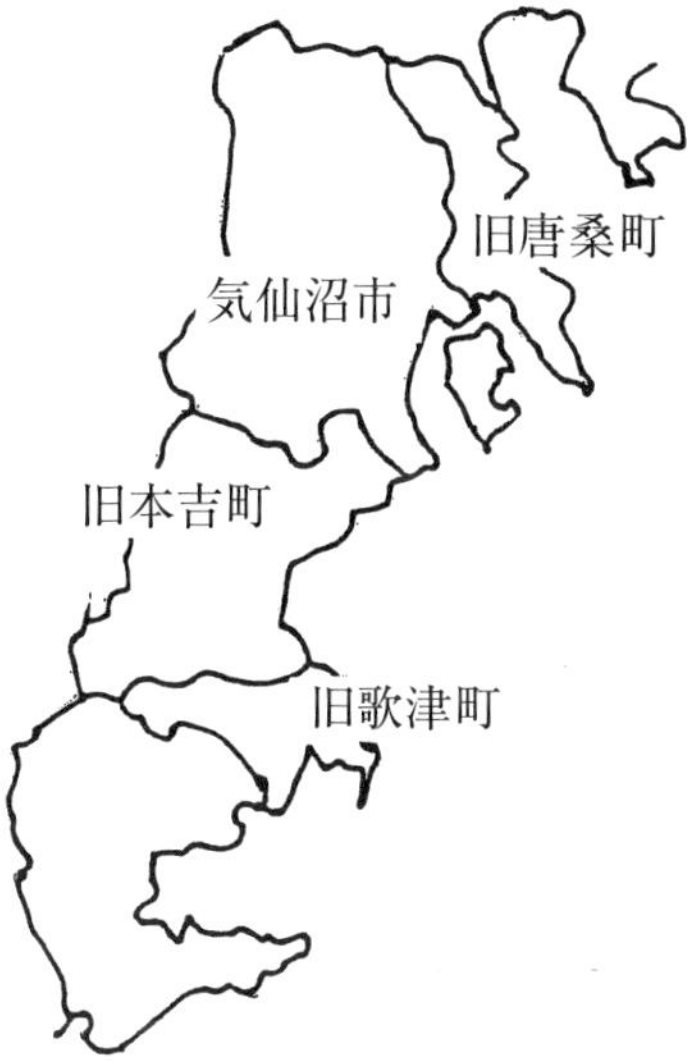

気仙沼市及び本吉郡

　調査要綱には、「採訪目的」として、「一気仙沼市及び本吉郡における口承文芸の伝承実態を明らかにする」「二口承文芸と生業との関わりに注目」「三昔話の語り納めの確認」とあり、まだ、地域の伝承実態ということが話されていました。

　大学生だった私は、なかなか話者に巡り合えなくて、歩き回っていたことと、訪ねて行った私におじいさん、おばあさんや地域の人たちが話を教えてくれることに感動していたことを思い起こします。

　その後、気仙沼には、岩手県東磐井郡室根《むろね》村での採訪、岩手県西磐井群藤沢町での採訪の時や、個人での旅行で立ち寄ることがありました。その度に、気仙沼の資料集を出さなければならないと思いました。けれども、段ボール箱に入れられた記録用紙とテープ起こしされた原稿の束には、誰もなかなか手がつけられないでいました。

## 二　資料集を発行したこと

　採訪から、約二五年経って、研究会の同期で病気療養中だった佐野正樹さんと採訪資料を資料集としてまとめ始めました。かつて大学生が気仙沼で教えていただいた昔話や伝説などを少しでも地域に返したいと考えていました。佐野さんは、話者リストのまとめと

「あとがき」を書いたところで、病気のため亡くなってしまいました。翌年、研究会の先輩の加藤ゆりいかさんに入力をお世話になり、『傳承文藝　第三十一號
宮城県気仙沼市及び本吉郡昔話集』として発行することが出来ました。

この資料集は、採訪当時の生活を思い起こせるように、教えていただいたものは記録しておきたいと考え、昔話、伝説、世間話、早物語、諺、謎、民謡、俗信とすべて掲載しました。これらをまとめるにあたり、記録用紙、当時の採訪の資料やノートを見直し、採訪テープの聞き直しをしました。出版後に研究会の仲間が集まり、当時のことを話し合いました。そのようなことから、採訪で出会った話者の方やお世話になった方をあらためて思い出すこととなりました。追採訪の時に宿泊した民宿のおじさんが、夕食の時に、「どんな話が聞けているのか知りたい。出来たら送ってほしい」と話していたことも思い出しました。「近いうちに資料集を届けに気仙沼に行こう」と考えていました。

## 三　東日本大震災直後

東日本大震災が起こった時、職場の北本市役所にいました。停電になり、状況が分からないまま、暗くなったころに自宅へ戻りました。ラジオのニュースにより、東北地方に大津波が押し寄せ、気仙沼は津波に呑みこまれ、火災も起きているとのことを知りました。「気仙沼は無くなってしまったのか」「川島さんは無事だろうか」と考えていました。

翌日、被災の状況をテレビのニュースで見て、「復興支援以外では一年は行けない」と感じました。テレビで被災地として映されていても、まだ、現実のこととは思えないところがありました。

## 四　気仙沼に行って

今年の彼岸過ぎに、気仙沼から南三陸町にかけての状況を見る機会がありました。

気仙沼の駅まではあまり変わっていないように感じました。

市場の近くに来ると、がれきは大分片づけられて、更地が見えてきました。「このあたりは、最初に泊まったホテルがあった場所だ」「壊れた肉屋を見つけ、ここでコロッケを買って食べた」など、急に思い出しました。

鹿折《ししおり》の方に向かうと、道路沿いに大きな船が打ち上

げられていました。テレビでは見ていましたが、船の大きさに驚きました。

陸前階上《はしかみ》の海岸沿いの追採訪でお世話になった民宿のあたりを訪ねました。行き会った人に尋ねると、「あの辺りは、影も形もないよ、家も人も。更地になっちゃった」と言われました。確かに、近くに行き、お寺の庭から見てみると、更地が広がっているばかりでした。

私が採訪を行い、資料集を作ることで知っていた今までの気仙沼の風景は無くなったように感じました。

## 五　資料集と風景

採訪を行い、資料集を作ることで知った気仙沼の風景は、採訪をしたことによる個人的な思い出と思います。この資料集を気仙沼の人たちが読んで、この地域でのかつての生活、その中で語り伝えられてきた昔話や伝説を、毎日見慣れていたけれども今は失われた風景とともに思い起こしていただき、先人からの無形の財産として伝えられていくことを願っています。

### 参考文献

『傳承文藝　第三十一號　宮城県気仙沼市及び本吉郡昔話集』國學院大學民俗文學研究會、二〇〇九年。

エッセイ

# 慙愧《ざんき》の思い

阿部幹男

あの日、一週間前に大槌《おおつち》から戻って盛岡《もりおか》の寓居にいた。二日前にも大きな地震があり、大津浪注意報が出た。その後も余震が続いていた。正月には三陸沿岸は大潮《おおしお》と大時化に見舞われ、年頭から心の奥に何処《どこ》となく不安感が募っていた。

二時四六分、盛岡の大地も激しい揺れに襲われ、間もなく停電になった。「しまった！　寛政《かんせい》五年の時と同じだ。浜は大津浪だ」と胸にえぐられるような電流が走った。街はやがて暗い暗い闇に包まれた。

大槌に入ったのは、三八時間を経た一三日の早朝であった。息子と二人で車に乗って、自衛隊の救援車両の間に挟まり、吹雪と余震と山火事を避けながら土坂《つちさか》峠を越え、金沢《かねざわ》を経由して到着した。後は何も語りたくない。

この時から盛岡と大槌との一〇〇キロの峠越えが始まった。物資（老人のお粥・ドライシャンプー・ペットフード・紙おむつなど被災者から依頼された物など）も調達、朝三時にスタンドに並び車のガソリンを補給し、全国各地から安否を確認するためやってきた親族や知人を乗せて、ひたすら通った。私が通ったのは公的避難所ではなく、生家のある安渡《あんど》地区で流失をのがれた家に身を寄せている人々の処であった。行方不明の父親捜しにきた従弟に同伴して遺体安置所へも通った。

体育館一杯に並んでいる棺、それを覗き込む遺族の人々、私にとって遺体も捜す人たちも皆幼い頃からの知人や親族である。その光景はあまりにも凄惨極まりないものであった。通いはほぼ一日置きであった。およそ八〇往復を越した秋も終り頃ようやく一区切り付いた。

私の故郷大槌は周知の通り町村では南三陸《みなみさんりく》町と同様、最も津浪被害の甚大なところである。津浪の高さ約二二メートル。流失・倒壊・浸水・焼失家屋三八七八戸、死者行方不明書一二五六名。未だに四八四名が行方不明である。

安渡地区はその最たるもので、八二四軒の内一〇〇軒しか残っていない。生家の周りでは、下隣（煙山さん）は三人、後隣（佐々木さん）は一人、上隣（中村さん）は二人亡くなっている。向い隣（白銀さん）は三人とも未だに行方不明である。

大槌は海の恵みと背後にある北上山地の山林や鉱山資源によって中世に形成された海辺の町である。近世初期には南部氏の配下となった大槌氏が城を構えていた。落語「豊竹座」のマクラで「あーら、よりくるは、伊勢《いせ》は天照皇大神、尾張《おわり》は熱田の宮、越後《えちご》の国では角兵衛獅子、南部《なんぶ》の鮭は鼻曲がり」と謡《うた》われたように、この大槌氏が遡上する鮭を荒巻《あらまき》に加工し江戸に搬送し、その財で町を築いた。つまり大槌は「鼻曲り鮭」の発祥地である。しかし、その繁栄に危惧をおぼえた南部氏は「大船建造」の嫌疑をかけ謀殺し、大槌氏を滅ぼした。以後直轄地として代官所が置かれたところである。

その後も、伊豆下田から移った前川善兵衛《まえかわぜんべえ》（小田原北条氏の旧臣）を中心に船問屋（海商）や船頭衆の結束によって三陸の海産物と北上山地の金や鉄が江戸や長崎に搬送され、その経済力で今日の陸中沿岸の町々の礎が築かれた。

私の安渡は元々漁村である。生家も江戸時代から船乗りを生業としてきた。私事で恐縮であるが、ここで育った私も幼い時から船長や船頭になることを夢みていた。中学の時は高等商船学校に入ることが目標であった。しかし、視力が弱く、入学基準に達せず、止む無く仙台電波高校を受験して合格した。だが船長への夢が破れた挫折感と父親が東シナ海へ漁にでて男手が無くなったことが重なり、地元の高校に入学して結局陸《おか》で働くことになった。落ちこぼれである。

でも体の芯《しん》にはいつも潮が流れている。友人も知人も親類も全て海の香りのする人々である。去年の大晦《おおみそ》日《か》には、無二の親友である早池峰丸《はやちねまる》（木村君）と住吉《すみよし》丸《まる》（吉田君）の三人で久々に会って楽しく酌み交わした。

そんな訳で、幼い時から海浜で生きる人々の生き様《さま》や海の摂理《せつり》を見て育った。海難事故も大津浪も幾度も聞いて見て育ってきた。

そこで祖父から聞いた津浪の話をしよう。明治五年生まれのこの祖父は地震が起こる度に、いつも次のように語った。

「いいか、覚えておけ。おまえは生きている内に必ず大津浪に二回遭《あ》う。地震が大きくても小さくても油断するな。浜の方に耳をたてろ。夜中地震があったら綿入れをはおり、『津浪だ』と浜から声が聞こえたら黙って一目散にお宮の境内《けいだい》に駆け上って海を見つめろ。もし家が流されたら畑に掘立小屋を立てて浜に出ろ。必ず浜は大漁だ！」と。

祖父は自分の体験を伝えたに過ぎないのだろう。明治二九年と昭和八年の大津浪の体験である。しかし、私もこれで二回の津浪を経験した。父も母も大津浪に二回遭っていた。

無論、父は昭和八年の津浪の時は、海軍の潜水艦に乗船中で直接経験してはいないが、住いは津浪に襲われた。また、昭和三五年のチリ津浪の同日、船頭として北洋でマスの延縄漁《はえなわりょう》をしていたが、投縄中に突然盛り上がった一波に三人の若者がさらわれ行方不明になった。沖で津浪に遭ったのだ。その時は大槌も津浪の後始末でごった返していた。帰港し、やがて遺体のない葬儀を取り行った。

母には頬に赤紫の痣《あざ》があった。後で知ったことであるが、昭和八年三月三日午前二時三〇分大地震の後襲ってきた津浪で逃げる時に転び何度も起き上がろうしたが、次々と人々に踏みつぶされて出来た痣であった。

この母も四年前に死に、大槌の生家は祖母の使用した織機《はたおり》を残して後片付けした。明治二九年の大津浪の直後に建てた浦の苫屋《とまや》である。柱も傾き崩れるばかりだったので、周りへの迷惑を考えて解体しようと思ったが、祖父の言葉を思い出して津浪の時は少し役立つかも、それからでも遅くないと思い直し、節供や祭りの酒宴場所や私の隠れ家としていた。

一昨年の二月二七日であった。再びチリで大地震が発生して、三陸にも大津浪警報が発令された。即座に盛岡から飛んでいった。幸い大きな波が来なかった。しかし、この時得《え》も言われぬ怒りを覚えた。「俺の一生で二度も外国からの津浪に襲われることはないだろう。今度の津浪は三陸の沖からでなければならないのだ。ふざけるな」と。

そんなこともあって、大槌町教育委員会から講演を依頼された時、今度は「津浪」の話をしようと資料も作成していた。

　私は県立博物館の学芸課長をした経歴と、伊藤正《いとうしょう》治《じ》教育長さんとは無二の親友でもあり、今迄にしばしば講演を依頼された。前回のテーマは「漁村の文化――海商・前川善兵衛が齎《もたら》したもの――」であった。

　ところがなんと愚かにも女性講座がメインであるというので、「マンホールの蓋《ふた》」に変更して、紋章《もんしょう》の話をしてしまったのである。「チリ津浪のあった昭和三五年、躍進と和を象徴とした町章が定められた。どの家や船にも紋章や印章があり、女性の衣装にも文様《もんよう》がある。『津浪がまもなくやってくる』などと八卦《はっけ》置《お》き（占い師）みたいな胡散《うさん》臭い話は次の講座にまわそう」と考えたのだ。そして「マンホールの蓋には必ず市町村章が付いてある。大阪市の市章は澪標《みおつくし》「」。仙台市はサンファンバウティスタ号の船首にもみえる伊達家の九曜紋と同じ裏紋の三つ引き両《りょう》「」、わが大槌「」も日本に古くからある打出の槌の紋をかたどった紋章で……」と目出度くも嘯《うそぶ》いてしまった。

　そこには亡くなった町長の加藤さんも聞きに来ていたのである。何であの時、話題を変えずに「明治二九年には役場も流され、急きょ対策本部を別の場所に設け復旧にあたった」と語らなかったのか。大震災の後、酒を飲んで寝ても夜中の夢に被災後の光景が浮かび上がると居たたまれず起き上がり、その度に何で津浪をテーマにしなかったか、そのことを悔やんでは、幾度寓居の壁を蹴ったり、襖《ふすま》を殴り付けただろう。今もご乱行の跡が残っている。

　ただ最近少し冷静に考えるようになった。「愚かな自分の判断の背景には何が潜んでいたのか」と。講座で使用する当初の資料は、祖父の話を柱に大槌町史編《へん》纂《さん》に一生を捧げた沢館栄吉《さわだてえいきち》さんのまとめた『漁業史年表』を引用しながら作成した。三陸沿岸を襲った貞観の大津浪に始まり、慶長《けいちょう》、元禄《げんろく》、寛政《かんせい》の津浪と、時代順に記録を紹介し、大槌の人々が如何に対処したかを時代順に紹介したものであった。

　しかし、「県は防災計画を策定し、町でもハザードマップを作成し、定期的に防災訓練を実施している今、こんな資料が何の意味をなすのか。いたずらに不安をあおるだけではないか」という思いが根底には流れていたのである。

　だが一方で「我々はチリ津浪を経験したが、三陸沖で起きた昭和八年の津浪を知る人はもう誰もいない。チリ津浪の四メートルを越える波が三〇分も経たない内に襲来して堤防を越えた場合はどうするのだ。また、こんなに頻繁に大津浪警報がだされても小津浪の一つも来ない様な気象庁の警報では、オオカミ少年の二の舞になるのでは。さらに、夜中大地震が起き停電し、暗闇に大津浪が来たらどうするのか」などという不安も抱いていた。

今回多くの消防団員が犠牲になった。同級生の越田《こした》弘《ひろし》君（副団長）も、水門を閉め終ったのに、途中避難に戸惑っていた老人を助けようと亡くなったと聞く。また、大津浪は平日の夕方を迎える頃にやって来たため、老人と介護していた婦人の犠牲者が多かった。

町の中心部では大火災も発生して完全に廃墟と化し、壊滅したと言っても過言ではない。多くの暖かい支援を受け、辛うじて仮設住宅で身を寄せ合って生きている。テレビや新聞には「絆《きずな》」「復興計画」「ＮＰＯや大学支援」など明るく力強い報道が流れる。しかし、多くの町民は内心では前と同様の生活がいつ出来るのだろうと不安で一杯なのだ。

漁協も再建不能のため解散した。何としても海で生きようとする漁民が結束して新たに漁協を設立したが、国から助成も支援も出ない。幸い碇川《いかりがわ》町長の英断で町が新漁協の保証人になることで発足に漕ぎつけた。しかし、市場も水産加工場をはじめ、あらゆる業種の生産体制が手つかずのままである。真の復旧はこれからである。

海に住む八大龍王《はちだいりゅうおう》の今回の怒りはあまりにも畏れ多かった。完全に科学技術や防災体制の敗北である。科学技術への過信は最も恐ろしい結末を引き起こすことを身に沁みて学んだ。

海浜で生きる人々は、まず自らの目で海を見つめ直す力を鍛えなければならない。そして、今回の体験を伝えることが何よりも大切である。心の中に高い高い防波堤を永久に築いて行かなければならない。今生きている我々もやがて先祖のいる龍宮城へおもむく。おもむく前に子孫に語り伝えることが我々の責務であると自戒《じかい》を込めて今身に沁みて考えている。

漁村には、昔から新たな家庭を持つときは、必ず津浪で亡くなった方の御霊《みたま》をいただいて祀るという約束がある。その御霊に守ってもらうためだという。やはり今般、先に龍宮城におもむいた人々の御霊は永遠に祀られなければならない。

最後になったが、私もライフジャケットのポケットに小型船舶操縦士の免許証を突っ込んで、また浜仕事でも手伝うつもりである。祖父が語った「津浪の後に浜に出ろ。浜は必ず大漁だ」と言う言葉が、時折耳の奥から聞こえくるのである。

エッセイ

# 震災と世界遺産

千葉信胤

毛越寺庭園

## 一　平泉文化を支えた気仙地方

平成二三年二月一二日土曜日、あの大震災・津波のちょうど一月前のことですが、私は陸前高田・気仙沼黄金の里観光振興協議会のお招きで気仙沼を訪れ講演講師を務めました。

世界遺産登録をめざす平泉の文化遺産と気仙地方のかかわりがテーマで、会場にはたくさんの方がお見えでした。講演では、気仙・本吉地方の産金と奥州藤原氏の、特に本吉冠者と呼ばれた藤原隆衡のことを中心に話しました。

藤原隆衡は、奥州藤原氏三代秀衡の四男で、文治五年の奥州合戦で一族が滅亡した後も生き残った人物として知られています。投降した隆衡は相模の国に配流となりますが、後に京都で叛乱を起こして討ち取られました。伝説の世界では、気仙・本吉地方を支配していたとされ、居館の伝承地もあります。

三陸沿岸には藤原隆衡のことだけでなく平泉や奥州藤原氏にまつわる伝説や、いわゆる義経伝説が数多く残されています。わけても鬼一法眼の愛娘で義経の恋人すなわち皆鶴姫の漂着伝説は、今なお地域の人々によって根強く語り継がれています。

講演は、平泉文化を支え続けたのが気仙地方の産金であり、今日に至るまで平泉地方と気仙地方は深い絆で結ばれていることをお話しして締めくくりました。この時の参加者のなかにも、あの大津波で被災された方が大勢いらっしゃると思うと胸が痛みます。また、お亡くなりになった方々のご冥福を心よりお祈り申し上げます。

## 二　登録延期と岩手・宮城内陸地震

さて、平泉の世界遺産登録の経緯をかえりみれば、平成二〇年七月にカナダのケベックシティーで開催された第三二回世界遺産委員会では、登録を見送って審議をやり直す「延期」が決議され、その後三年にわたる再チャレンジの取り組みの末、平成二三年六月の第三五回世界遺産委員会で「登録」が決定しました。

はからずも「延期」になった平成二〇年の六月一四日には岩手・宮城内陸地震が発生しており、震源地に近い一関市・奥州市そして宮城県栗原市は甚大な被害にみまわれました。平泉町も震度五強を計測しましたが、世界遺産に推薦中の資産には大きな被害がありませんでした。この年の五月末に、世界遺産登録の可否を決定するうえで大きな影響力を持つイコモス（国際記念物遺跡会議）から「登録延期」の勧告が出ていたこともあって、「奥州藤原氏の祟り」などという流言蜚語が飛び出すありさまでした。いずれにせよ、地震の後はまさに「世界遺産どころではない」状況が続き、結局七月の世界遺産委員会でも逆転はかなわず延期が決議されたのです。

平泉は日本が推薦した資産としては初の「延期」物件になりました。この決議をうけて、日本政府代表団は現地において即座に記者会見を行い、今後の推薦作業については平泉を第一とし、平成二三年の世界遺産委員会での再審議をめざして取り組むことを表明しました。しかし、その衝撃は多方面に広がっていきました。各メディアは「平泉・落選」と大々的に報じ、「平泉ショック」と言う言葉まで生まれました。前年の石見銀山「逆転登録」に続く「日本初」のケースというのも、マスコミが取り上げやすい要因だったようです。この「平泉ショック」は地元だけのことではありませんでした。とりわけ富士山はじめ鎌倉・長崎の教会群など全国の関係者に与えた衝撃も大きなものでした。記者会見で示された「平泉最優先」という文化庁の方針が、後続する資産の推薦スケジュールに直接関連したからです。

## 三　平泉の登録と津波

世界遺産登録再チャレンジの取り組みは、先の全く見えない手探り状態でのスタートであり、関係者に不安がつきまとっていたことは否めません。ただ、再推薦で登録に持ち込む道のりに多くの課題が山積していることだけは確かでした。何よりも推薦書の改定作業が最重要課題です。主題設定から資産の価値証明まで充分吟味し、内容に万全を期すことが必要です。再推薦には大変な経費を必要とします。二度目はあっても三度目は考えられない、再チャレンジは慎重に着実に進めたい、そのためには何より時間が必要でした。しかし、その一方で一年でも早い登録を誰もが望んでいました。三年後の再審議に持ち込むためには、平成二二年の二月一日までには推薦書を提出する必要があります。それも構成資産の見直しや比較研究が前提とされており、推薦書を提出した後には専門機関の現地調査も受入れなければなりません。文化庁が表明した再推薦の計画というのは、物理的に実現可能な最短コースだったのです。

幸い、地元関係者の理解も得られ、国・県の関係機関や推薦書作成委員をはじめとする多くの専門家の尽力により、当初の予定通り平成二二年一月に新たな推薦書が完成し、世界遺産センターに提出されたのです。また、同年九月には平成一九年以来二度目となるイコモス現地調査を受け入れました。詳細な質問や現地確認が行われましたが、それら全てに適確に対応し調査員の理解を得ることが出来ました。

世界遺産登録のプロセスをみると、この現地調査の後（概ね一一〜一二月頃と思われる）専門機関であるイコモス内部で資産評価のパネルが行われ、その結果に基づいて勧告文が作成されます。再推薦された平泉についても、その評価のおおもと自体は年内に確定していたと思われます。

年が明けて平成二三年、平泉再チャレンジの取り組みは最終段階を迎えていました。先述の気仙沼での講演会でも心持ち登録の期待感が高まる話をしました。三月三日、平泉町に前ユネスコ事務局長の松浦晃一郎氏を迎えて講演会を開催、参加者の多くが松浦氏のお話しから明るい兆しを感じ取りました。そんな矢先、あの大震災、そして未曾有の大津波、さらには福島原子力発電所の大事故が起きたのです。平泉では三月の本震が震度五強、四月の余震が最大震度六弱を計測しましたが、資産が大きな被害を受けることはありませんでした。

そして、官民あげて沿岸被災地への救援・復旧そして復興への日々が始まりました。震災に加え原発の問題もあってか、観光イベントのみならずあらゆる行事が中止・延期となり、春休みが過ぎても平泉の中尊寺・毛越寺を訪れる参拝者はまばらで、例年の一割にも及びません。イコモスの勧告が発表されたのは、そんな平泉らしからぬ静かなゴールデンウイークが明けた五月七日のことでした。「登録」という待ちに待った朗報は、復興支援の励みにも、とマスコミは大きく登録勧告をとりあげました。その一方で、震災と平泉の登録勧告を結びつけて「復興のシンボル」とするマスメディアの報道内容に違和感をおぼえた方から抗議の電話もあったことを思い出します。

## 四　世界遺産平泉の役割

六月二五日夕刻、パリのユネスコ本部で開催された第三五回世界遺産委員会において、平泉の審議は最終段階を迎えていました。全ての委員国が登録に賛同し、そして素晴らしい資産の推薦に対する歓迎と祝意の言葉が次々と述べられました。ある委員国が決議文の中に再チャレンジの成功を賞賛する言葉を追加するよう求め、満場一致で承認されました。「日本が、イコモス及び世界遺産委員会の勧告に厳密に従い、わずか三年で素晴らしい改定を行ったことを賞賛する……」。思い返せばカナダ・ケベックシティーでの「延期」決議以降、三年間の作業は困難の連続でした。再チャレンジの取り組みとは、その困難のひとつひとつを実にたくさんの方々の熱意と努力でもって克服することでした。

〝Ｄｅｃｉｓｉｏｎ（決定）〟、議長がハンマーを打ち下ろすや、大会議場に万雷の拍手が鳴り響きました。平泉の登録が決定した瞬間です。暫定リスト登載から一〇年、苦難の再チャレンジから三年、くじけず、あきらめず、取り組んできたことが報われた瞬間でした。

議長をつとめるカンボジアのロス・ラボット氏から祝福と励ましのコメントが述べられました。「世界遺産委員会のメンバーを代表し、日本の、とりわけ震災の被害に遭われた地域の皆さんに対して弔意を表したい。我々は皆さんのそばに立っている。平泉の世界遺産登録が、復興に向けた勇気を皆さんに与えることを願っている。そして近い将来、この素晴らしい遺産を訪問したい。」それは、平泉が世界の　ＨＩＲＡＩＺＵＭＩへ、新しいステージへ進んだ瞬間だったと思います。平泉は世界の人々にとっては被災地そのものであり、その文化遺産はまさに復興を支えるシンボルなのです。

平和、平等、そして鎮魂の精神は、人類普遍の価値ですが、平泉文化の真髄もまた、争いのない世の中を求め、生きとし生けるもの全てのいのちの平等と、亡き者への祈りの心にありました。

平泉の文化遺産は、その前半生において前九年・後三年合戦という想像を絶する悲惨な戦いをくぐり抜けた藤原清衡（奥州藤原氏初代）の切実な願いを、四代にわたって引き継ぎ築きあげた、その「たまもの」でありました。

その遺産の素晴らしさとともに、これまで受け継いで参りました先人の、あついこころざしを広くそして末ながく語り伝えてゆくこと、それこそが世界遺産平泉の世界・人類に貢献する真の使命でしょう。その精神は、これからの世界を変える大きな力になるはずです。そして未曾有の困難から立ち上がり復興を目指す、これからの岩手をそして東北を照らし続ける一条の光にもなるでしょう。そのように祈らずにはおれません。

世界遺産委員会

エッセイ

# 「父」

山口大二郎

三月一一日の大地震、津波の映像は連日にわたりテレビで全世界に報道されました。昭和八年の三陸津波も被害状況はラジオ、新聞等で報道されたでしょう。しかしこれほどまでに臨場感を持って迫ってくるものはなかったかもしれません。今回の津波は想定外といわれる程に規模の大きいもので、昼間にもかかわらず多くの方が犠牲になりました。後日、学芸大学の石井正己教授より、津波からの復興を考える為に、父が昭和一八年に出版した『津浪と村』をこの時期に復刻版として出版したいという連絡がありました。

この本は明治二九年と昭和八年の三陸海岸の津波の被害と村の移動について調査しまとめたものでした。今度の津波では高台へと移動したはずなのに、さらに多くの被害を出してしまいました。当時の状況を見直し、どのような対策が取られたのか、住民の意識がどう変わったのかを知るためにも時宜を得た再版で、津波は繰り返されるというデーターから多くの方々に読んで頂きたいと思いました。

復刊により若き父の精魂込めた調査報告が再び皆さんの目に触れ、父を語る機会を得ることが出来ました。

父が亡くなり一二年になりますが、九八年の一生を学問に捧げた人でした。

文検を取ってから二四歳で磐城高等女学校に教諭として勤めだした頃から地理学者としての調査研究を始めました。常磐炭田の炭鉱集落調査で東北大学の田中《たなか》館秀三《だてひでぞう》教授より指導を受けることになります。後に、限定調査にとどまらず比較することが大切だとアドバイスを受け、同じ課題で中国、韓国、沖縄、台湾へと調査範囲を広げました。多くの地方を調査していると、長年にわたりその土地に受け継がれたて来た生活、風俗、習慣に関心を持つようになり、民俗学的調査研究へと軸足を移していきました。当時炭鉱民俗誌に発表した論文が柳田國男の目に留まり、以後指導を仰ぐことになります。民俗学に目覚めてからは、居住していた、いわき市から土・日曜日をかけて阿武隈《あぶくま》の山地や常磐海岸の漁村を回り、夏冬の長期休みには東北地方へ課題を持って急き立てられるように調査旅行に出かけました。

昭和八年に大津波が三陸海岸を襲い海岸の漁村、漁港、住宅は甚大な被害を受けました。この被害調査は田中館教授の細かい指導を受け実施することになります。当時まだ交通も不便で被災地の村々へ行くのには大変難儀だったようです。峠を越えては又、次の峠を越え次の部落を訪れ、聞き取り調査を実施しました。災害に会った方にとっては当時のことを思い出したくなかったでしょうし、聞かれたくなかった方も多かったでしょう。そんな方々のかたくなな気持ちを和らげ、少しずつ話を聞く事が出来たようです。或る時、父は血で汚れたノートを見せながら、疲れのあまり鼻血が止まらなかったことがあったと当時を思い出しながら話してくれました。

日にちをかけた苦しい調査だったのでしょうが、或る時、内閣官房がまとめた航空写真入りの立派な報告書を目にした時は圧倒されてしまったようです。その事を田中館教授に話すと、先生は「村を移す人々の心持は航空写真に表れないだろうが。明治二九年にせっかく移った人々さえ、いつか戻って昭和八年に再び災害にあっている。その故郷を離れがたい村の人の心を解くために学んだ民俗学ではなかったのか。」と励まされ、落ち込んだ気持ちを奮い立たせてくれました。

父は黒沢尻中学岩手青年師範へ転勤を機会に、北上山村に移り住み民俗学に専念することになります。「民間の伝承する習俗を通して、古くからの生活変遷の跡をたどり民俗文化を明らかにする。」と云う目標があったからです。父は看病し続けた先妻を結核で亡くしその後、同じ女子高で英語の教師をしていた母と結婚します。母は父の学問の良き理解者であり援助者でした。原稿を見せると時に自分の意見をはさむ様なことがあったそうです。戦争の混乱期ですら研究への意欲は消えることなく農民の生活実態を記録し奇寓収録を纏めあげました。度重なる引っ越しで蔵書の多くを失くしてしまいましたが、採取ノートだけは肌身離さず自分の宝として保管していたようです。その後、学校での混乱や食糧事情もあり、教職を辞し生まれ育った会津の実家に帰り、一農夫となって働く決意をします。

会津での生活は決して楽なものではありませんでしたが、決意は固くそこには「寄寓生活で手の届かなかった農村生活の記録をとる。」という気持ちがあったからです。昭和四四年に執筆した「湖南民俗誌」で自分の目指す民俗学について次のように書いておりま す。「決して中央の偉い方々が書いた雲上の文献の歴史のみが貴いわけでない。我々が生きてきた家、屋敷、家沿いの田圃、毎日使い慣らした農具、生活用具、意味もよくわからないまま、節々に行っている行事、毎日交わした言葉、炉辺、炬燵で語り伝えた昔話、村々の祠にもなっていない小さな神々が村の歴史を作ってきたのである。学校がなかったとて、教育がなかったと、誰が言い切れるのか。皆、親や村の先輩から立派な村に生きるための教育を受けてきたのではなかろうか。実はこれらの文字で書かれない歴史が我々の身近にあった。ただこれを認識し整理して、筋道を立てる仕事をおろそかにしてきたのではなかろうか。」

ここでの体験収録を二年で終え、妹が生まれ三人の子供を引き連れて会津若松へ移り県立会津女子高へ奉職することになります。生活立て直しのため母は英語の家庭教師をはじめましたが、今まで体験したことがなかった生活からくる心労の蓄積から結核で入院し八年の結婚生活で三人の子供を育てる半ばで亡くなります。父は自分の研究のために、生贄のように、みちのくの一隅に一生を終えさせてしまったと、詫びる気持ちでいっぱいだったようです。これからの生活を考えると生きる望みさえ失いかけておりました。

そんな父に再起の気力を与えてくれたのは師柳田先生からの手紙でした。「……正直なところ君の周辺には少し厄難が集まり過ぎるが、是とても時代なり。ここを生抜いて新しい人生を創立するのが　やがては愛児の為　従って又故人の情愛の為かと存じ候　くりことは果てしなく候」でした。

「柳田先生からの慈愛あふれるお手紙に、漸く支えられて私は研究を手放さないで済んだようなものである。」この気持ちは、学問なしでは生きられなかった心境をよく表したものです。家庭的に落ち着き余裕が出てくると会津の山村を歩き山村民俗誌にまとめ、只《ただ》見川《みがわ》の田子倉《たごくら》ダムによる水没村の生活記録や、会津の衣食住、磐梯山信仰などを論文にまとめ発表しました。

父の永年の東北地方研究が評価され、昭和三四年に河北文化賞を受けました。翌年津波災害防止のための集落移動について「津波常習地三陸海岸における集落移動」により東京文理大学（現筑波大学）から学位を受けることになります。教職定年後八年、五八歳の遅い人生でした。中央で地理学としての学問が評価されたことで後半の新しい研究活動に入って行きます。一方教師としては学生達と地理の体験学習として共同で調査活動をするのも楽しみの一つでした。

昭和三八年に上京し亜細亜大学で地理学、地誌学を教え、七〇歳の定年で創価大学へ招聘されることになります。四〇年に亘る地理学の授業の多くは、資料、書籍から学んだもので、実際に旅行して体験した地域は限られておりました。「地理の先生見たような嘘をつき」が長い間のトラウマになっていました。

上京してからは経済的に余裕も出てきたので、宿望を果たすかのように堰を切ったように海外旅行に出かけ、実際自分の目で確認できたと自信を深める事が出来ました。旅行は体系的に東南アジアの国々、アンコールワット、ブロボドールの遺跡をはじめ、中央アジア、ソ連、ヨーロッパ、北米、南米、大洋州とその島々を、年に数回のペースで回り、数冊の本にまとめ体験記として出版しております。

創価大学では課題の一つを「仏教文化の伝承」とし、ストゥーパの伝承に絞って研究、鄭州、洛陽、西安から始め、蘭州、新疆ウィグル自治区北部、ウルムチへ、さらに天山山脈を越えてトルファンからホータンへ達しました。これらを纏め『タクラマカンの旅』、踏査記『シルクロードのストゥーパ』として出版しました。

大学教授を辞してからは半世紀をかけた東北地方の農業、漁村の生活を再検討しようと会津若松に帰り、さらに東北を回り、『東北地方研究の再検討　天・地・人』の三巻を刊行しました。今までの父の人生を振りかえれば絶えず学問、研究活動を通し地道に新しいものを追い続けてきました。そんな生き方を「精進一途」と表し書にして書斎にかけておりました。九八歳まで充実した人生を送れたのは、恵まれた先生方に指導を仰げたことであり、波乱な人生を生きてこれたのは偉大なる学問の力によるものでした。最後まで「学問に謝す」気持を持ち続けておりました。

エッセイ

# 北ドイツの水にかかわる話

高津美保子

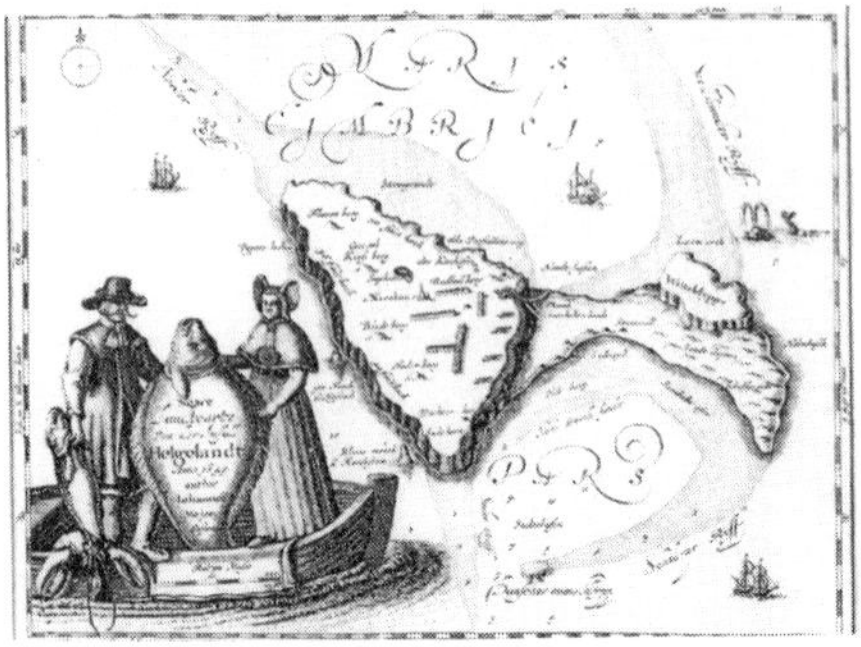

北海の孤島ヘルゴラント

東日本震災の津波や液状化などの被害をみて、三十年も前に行った北ドイツの旅とその頃読んだり聞いたりした話を思い出しました。北海に面した北ドイツの町や北海にうかぶ島もたびたび高潮や暴風雨などによる洪水の被害を受けたようで、伝説として語り伝えられる話がたくさんあります。

洪水の予兆を知らせる話を紹介しましょう。

◇洪水◇

意味ありげな出来事が洪水の予兆となる。

一六五二年、十一月の洪水のときもそうだった。デルベ教区のある奥さんがパンを焼こうと、熱いパン焼《や》き窯《がま》をのぞきこんだ。その時、奥さんは自分がまるで海の中にでもいるかのように、パン焼き窯の中で魚がはね回るのを見た。旦那さんがこれは水難の知らせだと思い、隣人にも早く湿地を脱出するようにと話した。

ある者はこの忠告を聞き、信じて逃げた。そして自分たちも高台の不毛地に移り住んだ。だが、ほとんどの者は信じようとはせずに、その場にとどまった。そこへ大きな高潮がやってきて、人々の命も財産も奪った。

そのほか、漁師などは、走っている船の舳先《へさき》に人魚のような海女がいるのを見かけると、嵐が近いといって、帆をひっこめ、港に引き上げたものだそうです。

北海に浮かぶヘルゴラント島は、一九二〇年まではひとつの島だったものが洪水で砂洲が水没し、二つの島になりました。本島は、免税店やしゃれた喫茶店、ペンションなどの並ぶ低地と、高い崖の上に牧草地と教会などがあり、海鳥の棲息する高地に分かれていて、エレベーターや階段で行き来していました。低地は高潮や暴風雨の被害をたびたび受けたようで、あるときは路地という路地にニシンが泳ぎ回り、引き潮のときには置き土産の魚がうじゃうじゃ残されたという話もあります。

また「聖地」の意味をもつヘルゴラント島からささいなものでも持ち去った海賊は、きまって海難事故にあったという話もあります。

作家テオドール・シュトルムの生地として知られる北海に面した町、フーズムには、和歌山の「稲むらの火」によく似た話があります。

### ◇フーズムのお婆ちゃん◇

それは、冬の氷の張った時期のことだった。フーズムの人々は盛大に祭りをすることにした。天幕を張りめぐらし、老いも若きも町中をあげて外に集まった。スケートをする者もいれば、ソリ遊びをする者もいた。天幕の中では音楽が鳴り響き、ダンスをする男女が踊り回り、年寄りたちはテーブルを囲んで一杯やっていた。そんなふうにして一日が過ぎ、やがて明るい月が空に昇った。だが、祝祭はようやくはじまったところだった。

たった一人、年老いたおばあちゃんが人々の輪に加わることなく町に残っていた。病気で体が弱っていて、足がもうきかなかった。だけど、おばあちゃんの小さな家は土手の上にあったので、おばあちゃんはベッドにいても、氷の上に目をやり、祭りも見ることができた。

さて、日も暮れてきた頃、おばあちゃんがそうやって海を見ていると、西の方に小さな白い雲が見えた。それはちょうど水平線のところに昇った。そのとき、おばあちゃんは何ともいいようのない不安に襲われた。むかし、夫と一緒に海にいたから、風や天候のことはよく承知していた。「もうすぐ満潮になるわ。そして嵐がやってくれば何もかもおしまいだわ」と思った。

そこで、大声で呼びかけ、声を限りに泣き叫んだ。しかし、その声は誰にも聞こえなかった。そうこうす

砂がたまると放牧して……

るうちにも、雲はしだいに大きくなり、だんだん黒くなってきた。さらに数分がたった。

満潮になれば、嵐がやってくる。そこで、おばあちゃんは弱ってはいたけれど、精いっぱい力をだして、両手両足を使ってベッドから暖炉まではっていった。幸いまだ燃えさしが残っていたので、それをベッドの藁《わら》に投げ込むと、大急ぎで家の外の安全なところにのがれた。

すると、小さな家は一瞬のうちにめらめら燃え上がった。そしてその火と炎は凍った海からも見えたので、人々は大急ぎで浜へあがった。

すでに風は吹き始め、氷の上のちりを吹き払っていった。空は暗くなり、まもなく氷はぎしぎし音をたてて揺れはじめ、風は嵐になった。そして、ちょうど最後の人たちが大地にたどりついたとたん、氷の表面が割れ、洪水が浜にのしかかった。

そんなわけで、この貧しいおばあさんが町中の人々を救った。おばあさんは、みなを助けるために、自らの全財産を捧げたのだ。

この旅で、いまも鮮明に覚えているのはハンブルガー・ハリッヒという埋め立て地です。埋め立てといえば、ブルドーザーなど重機がはたらく様子を思いうかべたのですが、ここでは、海辺に三十メートル四方ほどの枠がたくさん作ってあるだけで、重機も人もなく、ただ波が寄せたり返したりしていたのです。そうした日々の潮の満干で砂がある程度たまると、そこに牧草を植え、羊や牛を放牧して踏み固めさせるのです。私が行った時にも、海岸の手前の牧草地でたくさんの羊が草を食んでいましたが、そこは十年以上かけて潮の満干でできた干拓地と聞きました。

あれから三十年、あの海岸線は今どうなっているのだろうと思いインターネットで検索してみると、ユーチューブに動画もありました。埋め立てがどれほど進んだかわかりませんが、三十年前とほとんど変わらぬ風景でした。ただ、あのときはなかった風車が並んでいました。北ドイツはとても風の強いところなので、風力発電にはぴったりかもしれません。

　最後に洪水にまつわるちょっと不思議な話です。

## ◇白馬の騎士◇

　ずっと昔、二月にきびしい寒さのあと、突然雪解けの陽気になったことがあった。その上、ひどい北西の風が吹き、その風のため、猛《たけ》り狂った大波が巨大な氷の塊もろともエイデルステットの町の堤防へと押し寄せてきていた。人々はこのやがて来る惨劇を不安にかられながら待ち受けていた。

1717年の北海の堤防決壊

　夜になって、白馬にまたがった堤防伯爵が堤防作業員をしたがえて危ない箇所に馬を走らせ、落ち着いて、じっくり考えた末に命令を下した。

　ところが、それは、堤防の決壊を食い止めるためにたくさんの人びとが休息もとらずに働いた苦労を無駄にすることだった。

　伯爵はさらに大きな災害を引き起こさないために大波を誘導して町中に通そうと、堤防を部分的に壊すことを命じたのだ。人々は恐怖に身をこわばらせて拒否した。すると、伯爵は怒って人々を怒鳴りつけた。

「私には責任があるんだ。おまえたちは従わなければならん」

　人々はしぶしぶその命令にしたがった。しかし海がごうごう音を立てて堤防を壊し、水がさらに広範囲の土地を覆った時、人々は怒りに燃え、ひどい呪いの言葉で伯爵をののしった。

　伯爵は自分の白馬を駆り立て、人馬は堤防の決壊場所めざして突き進み、それっきり見えなくなった。そのとたん、大きな氷塊がその開いた穴をふさぎ、嵐がおさまった。そして水はゆっくり遠のいていった。

　その後、夜に散歩をする人たちが、白馬にのった騎士がその決壊場所から出てくるのを見たという。これは堤防伯爵で、いまでも嵐の日にはやってきて、人々に間近にせまった不幸を警告するかのように堤防にそって馬を走らせるという。

## 出典・参考文献

Müllenhoff, Karl: *Sagen, Märchen, und Lieder der Herzogtümer Schleswig-Holstein und Lauenburg*, Schleswig. 1921.

Meyer, Gustav Fr.: *Schleswig-Holsteinner Sagen*, Jena. 1929.

Diderichs, Ulf u.Hinze, Christa: *Norddeutsche Sagen, Schleswig-Holstein, Friesland, Hansestädte.* Düsseldolf. 1980.

# 災害の神話——宮古島の明和の大津波——

丸山顕徳

## 一　明和の大津波

明和八年（一七七一）四月二四日午前八時頃、沖縄県の八重山諸島宮古諸島を大津波が襲いました。これが石垣市の牧野清によって明和の大津波と名づけられました。中山王府の刊行した正史『球陽』[1]の巻之十六、尚穆王二十年、三月十日によれば、

「国中ヨリ久米《くめ》慶良間《けらま》島ニ至ルマデ、地震シテ海水騰涌ス。宮古島及ヒ八重山島ニアツテモ亦地震ス。海水騰涌シテ多ク土地人民ヲ損ス。主上、使者ヲ遣ハシテ祭ヲ賜フ。且ツ功労アル者ヲ褒賞ス（以下省略）」

とあり、悲惨な状況を記録しています。牧野清は、八重山で記録された「大波之時各村之形行書」「大波揚候次第」などの古記録をもとに、詳細な調査と考察によって、昭和四一年（一九六六）に『八重山の明和大津波』を刊行しました。さらに牧野清は『新八重山歴史』（昭和四七年（一九七二）、城野印刷）を刊

A　前浜

行し、牧野説に対する考察の批判にこたえています。

地震の規模はマグニチュード七・四、震源地は石垣島の南南東四〇キロといわれています。災害は石垣島の東面と南面で激甚を極め、宮良《みやら》村で海抜八五・四メートル、白保《しらほ》村で六〇メートル、大浜村で四四・二メートル、伊原間《いばるま》で三二・七メートル、平得村で二六メートル、登野城《とのしろ》村で一二・二メートル、新川《あらかわ》村で八・二メートルの波高を記録し、島の四カ所で波が横断しました。石垣島では真栄里《まえざと》・大浜・宮良・白保を含む八村が全壊し、石垣島の人口は、津波前で一七、三四九名、津波後は八、四三九名と、四八％の人が死亡行方不明者となりました。大浜では、当時の大浜の人口は、津波前で男六七〇名、女七三二名の計一、四〇二名、津波後での死亡行方不明者を差し引いた生存者数は、男九八名、女一七名の計一一五名で、実に九一・八％の人口を失い、人口が一二分の一に減少する壊滅的な被害をうけ、その後、波照間島《はてるまじま》や黒島等からの移住者が入

B　巨岩

り、現在に至っています。

さて、これから取り上げる宮古島の状況を『球陽』は、次の様に記録しています。

「宮古島ニアツテモ亦辰ノ時ノ刻地震ス。一刻ノ間ニ大浪騰涌スルコト三次、或ハ三丈五尺或ハ二丈五尺或ハ十二三丈ニシテ、大石ヲ岸上ニ揚置ス。其岸海際ニ高キコト五丈許リナリ。宮国《みやぐに》、新《しん》里《ざと》、砂川《うるか》、友利《ともり》、池間《いけま》、前里ノ六村、伊良部《いらぶ》島内ノ仲地、佐和田、伊良部三村、多良間島《たらまじま》内ノ仲筋、塩川二村、及ビ水納島《みんなじま》、共計十二村ハ浪ニ冲壊セラル。其内宮国新里砂川友利ハ、房屋及ヒ石墻樹木土地悉ク洗蕩セラル。但タ各村ノ背後高処ハ、房屋罕ニ存スルモ、奈ニセン水納島ハ土地平坦ニシテ、洪浪人家ヲ過越シ尽ク洗蕩セラレテ存スルコトナシ。大小石塊白砂ハ、堆湊シテ石原ト為リ、当今村籍ヲ置キ難シ。（以下省略）」。

このように極めて厳しい状況が報告されていま

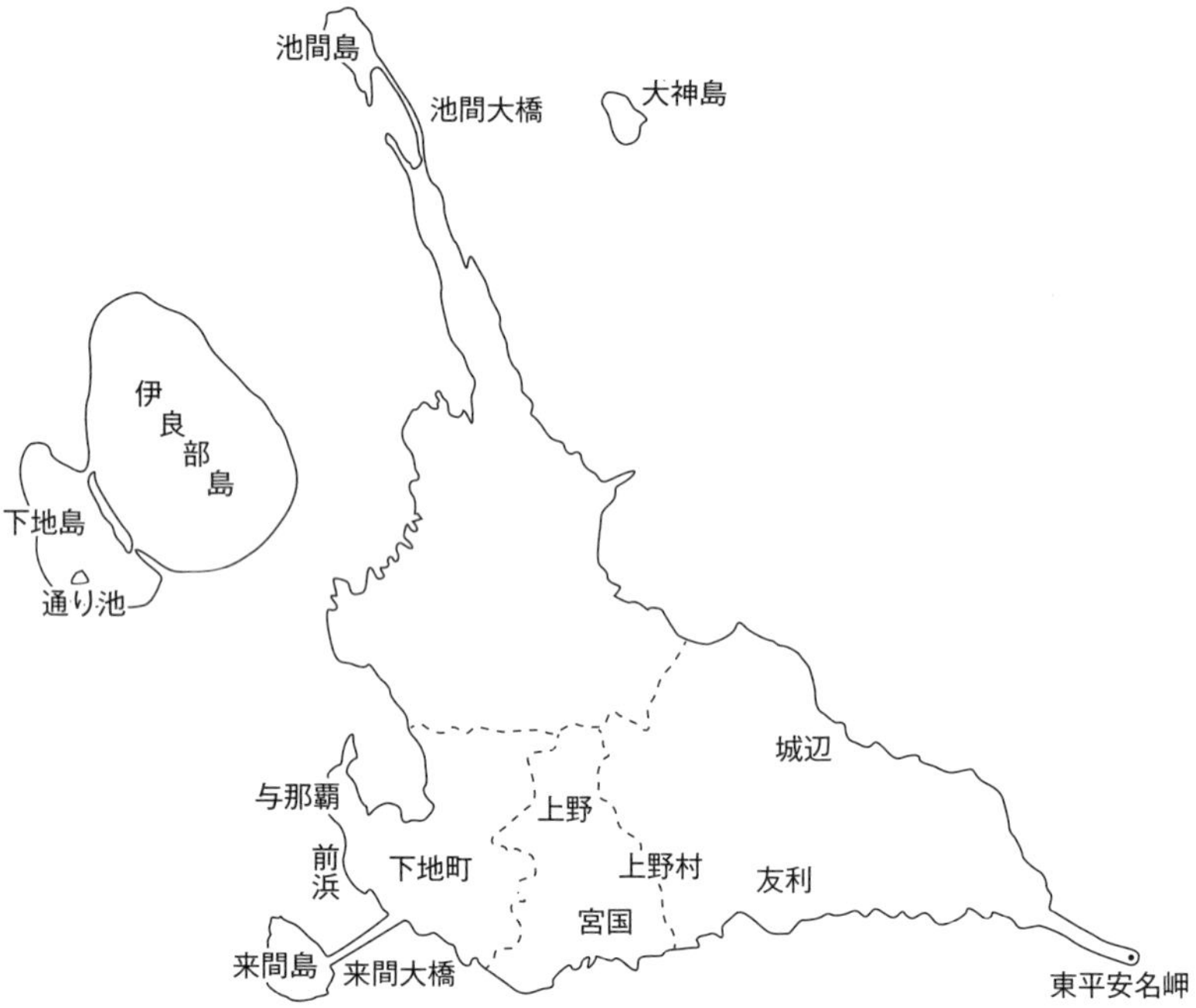


旧宮古島地図

す。宮古島の南部の島尻の旧上野村、旧新里村、旧城辺《ぐすくべ》町などでは、大津波によって海辺の集落が流されました。そこで大波に飲み込まれた人々の遺体が、再び押し寄せた大波で、半島を回って前浜に打ち寄せられたと伝えています。沖縄県随一の美しい白砂の前浜（写真A、一三六頁参照）に死体が漂着したという伝えです。さらに、海底の巨岩が陸上に打ち上げられて、東平安名《あがりへんな》岬《ざき》を始め、島尻の海岸、集落の中の畑に居座っている（写真B、一三七頁参照）。これをみると、その当時の大津波の激しさが分かるのです。

## 二　大津波の原因の神話と、神話を伝承する意味

今回の考察の対象とした地域は宮古島の島尻です。この宮古島の人々は、この

大津波の原因をどう解釈したのでしょうか。人々が伝えている伝承話によれば、大津波の原因は海の精霊であるヨナタマ（人魚）を食べようとしたものへの罰と理解しました。食べられそうになった人魚が津波を起こさせて救助を求めた話として伝えられることが多いのです。一般的な話を紹介しますがこの津波の伝承話はモチーフが複合しており、すべてを紹介することはできません。そこで要約して紹介します。典拠は『いらぶの民話』（平成元年〔一九八九〕、伊良部町発行）です。

「ある漁師がね、海へ行って魚を取って来た時だよ。あそこの下地島《しもちじま》には、その当時は部落があったのか、それで、その魚を取って来て、それは、ユナタマという魚だそうだ。その魚の片身を切って、部落の人たちを集めて刺し身を食べ、また残りをば、あちこちから薪を集めて来て火をつけて焼いて食おうとの、わけだろうね。ところがね、ユナタマ魚は、『私は今やたき火の上で蒸されようとしているので、とにかく竜宮から津波をあげて自分を助けよ』と叫んだようだ。案の定竜宮から津波が上がって来て、あの通り池というものは、造られたとのことだ」

「下地島にね、木泊村という名前のあるところがあって、前の家は家族四名、後の家は子供が一人あってね、三人家族。後の家の人と前の家の人が海に行ったところ、前の家の人がヨナイタマを取ってきた。そして二軒ではあまり大きくて食べきれないから木泊村の人も連れてきて炊き物をしていた。ヨナイタマを焼こうとしていたら、後ろの家の子供がワーワー騒いで泣き出した。そしてその子供が伊良部へ行く、伊良部へ行くと泣いているものだから、伊良部へ連れてきた（母の実家のあるところ）。それで、ヨナイタマを焼こうとしたら、俎板《まないた》の上のヨナイタマが、波を上げて下さいと言った。一波するときには何もしなかったが、二波上げたら後の家も前の家も皆流れてしまっ

C　通り池

た」

伊良部島の隣の下地島に通り池という池があります（写真C）。池の底は海に繋がっており、継子《ままこ》の民話が伝えられている池です。この通り池が大津波によって出来たというのです。勿論、事実とは考えがたいものです。この通り池のある珊瑚礁一帯を含む地域に木泊村があったといいます。現在は、この下地島には誰も住んでいません。この村人が海で人魚を捕縛し、切断して焼いて食べようとしたために、人魚が津波を招き村が破壊されたと伝えています。人魚は、方言で「ヨ（ユ）ナタマ」といいますが、これは宮古島市在住民俗学者の佐渡山安公の解釈では、海の底の霊的なものという意味だと説明しています。さらに、ヨナあるいはヨナイは地震のこと、あるいは、波のこととも解釈され、海の底からやってくるものとされています。また、人魚自体が、海にいる人間的な存在であり、海神的なものとされています。宮古ではザンとも、和名ではジュゴンといいます。沖縄本島中部では、ジュゴンはアカングヮイウ（赤子の魚）と言って、これがやってくると厄が来ると伝えられています（嘉手納在住の津波古米子さんが母親から聞いた話）。また子供が夜泣きして母の実家に帰ろうとしたのは、子供が危険を予知する能力があること、さらに、伊良部の伝承では、木泊村から伊良部に行くときに鶏が列をなしたという伝承もあります。他の地域でも、スズメが誘導したり、蟻が誘導したという伝承もあります。自然のいきものが自然の災害予知していたことを伝えているのです（北谷の安里和子氏の談話）。

## 三　海の神への償い

この海の神の罰に対する償いの気持ちを表す民俗が、わずかながら伝承されています。極めて厳しい海の神にたいする自省の気持ちです。下地町の三人の方からの聞き取ったもので、調査者は沖縄国際大学口承文芸研究会によるものです。私もこの三人のうちの平良、太田の二人にお目にかかり、津波の現場に案内をしていただいたことがあり、悲惨な現実を語り伝えています。なお、ここに紹介する民俗は、宮古島で長年、民話の調査を続けてきた佐渡山安公によれば、よく知られた民俗ではなく、宮古島でどれだけ行われていた民俗かは不明です。資料の性格上、その点を付け加えることにしたいと思います。

「イーヌ御嶽《うたき》由来」　　下地町与那覇　平良恵辰（昭和八年八月一〇日生）

これは何百年前か分からんけどマンガーラ主という人がいて、その当時ね、城辺の友利から津波が上がってこっちは土地が低いから来間《くりま》の前の方の大橋まで来たわけ。友利の屋敷なんかがこっちに流されて来るのを、このマンガーラお爺が見て、天の神様に手を合わしてね、「毎年、人を魚にして年三回お祭りをするから、潮を引かしてくれ」と願ったら、その潮は引いていったそうだ。その次からね、だいたい東側から七つ川を掘って、その井戸の水で死んだ神様を清めるというような昔のお話。この流されて死んだ人はその頃うちの部落の人が片付けたかまた下地村の人が片付けたか分からんけど向こうの前山の与那覇《よなは》からいえば一番高い峯に、二階になっているユーピートという墓を造っところに人の骨がある。もうここには骨が今現在でも満杯して今でも大事にあるわけ。石碑があったがもうないそうだよ。

（平成九年九月一七日、崎原恒一・名嘉山麻実子・与儀無想聴取、比嘉麻衣子翻字）

なお、本文を理解しやすくするために、遠藤庄治が付した注を掲載します。本文は、遠藤の私家版からの引用によります。

「マンガーラ主‥‥話者のお祖父さんにあたる人の名。・友利‥‥城辺町の字。集落は明和の大津波以後、西端の友利元島から現在地に移ったとされる。・今の大橋‥‥一九九五年三月に開通した来間大橋。それまでは来間〜前浜間を小型船、昭和五三年からはフェリーが就航していた。・前山‥‥与那覇前山。この前山には『明和の大津波碑』がたっている」

「イーヌ御嶽」

下地町与那覇　太田恵勝（大正一二年二月九日生）

年号はいつ頃だったか、言えないんだけどもね、津波が宮古の方に押し寄せてくるというのをその時にもう気づいてね、爺さんが神様にお祈りしてね、「どうぞ宮古のここには津波を寄越さないで下さい。そのかわり、毎年人魚をお祭りします」というお祈りをやったそうだ。そうすると本当に津波がね、こう一応は島には上がり始めたらしいんだけど津波にならんくて引いたらしい。それで、その時にこの宮古の海岸あたりには畑の真ん中に大きな平たいこんな岩があると聞いたね。これは昔の津波がこんなに持ってきてあそこに残しても潮が引いたから、そのまま置き去りにしておるとか。また、与那覇部落でも海岸ばたになんかに海岸の奥の陸の方に溝みたいなところがあるんだよ。この津波がこうびゃっと押し寄せて来た跡だという。それで、この神様のお祭りに人魚をお祭りするとお祈りしたのはね、死んだ人を魚に例えているから、もう死んだ人というわけ。今も毎年、そのお祭りの日には、もう部落内でもう誰かが死ぬとその魚だという伝えがあるさ。死んで流れついた人の墓は、イーヌプーと普通はいう。そのお祈りした人の本家には今日まで御願所があって、ちゃんとそれを家庭で拝んでいて、部落でもその日には線香だとか、線香はもうめんどくさいと皆纏めて向こうの方で、お米をもう一応洗って、水切ってから持って行って神様に供えて、みんなの分だからというふうに神様に報告してお祈りするらしい。

（平成九年九月一七日、加藤稔・仲地真紀・下地秀和聴取、比嘉麻衣子翻字）

海の神に人間の死体を供えて、神の赦《ゆる》しを願ったという悲しい伝承です。死体を神様に供える事例としては、正月の神様に死体を供える事例として、一二月の末に死刑の執行をするという話を聞いたことがあります。これは日本に限定することではなく、世界に広範囲に行われていたということです。しかしこの話に対して、下地の守護神である御嶽の神々は無力ではなく、下地の人を守ったという話を伝えています。

「嘉手苅の御嶽」（津波守り御嶽）

下地町嘉手苅　上地清正（昭和二年一〇月二三日生）

嘉手苅には御嶽がたくさんあるんですよ。あの森も御嶽ですよ。その次にもあるし、向こうにもあるし。これは大御嶽（うぷうたき）っていう。その次にまたナカ御嶽というのがあるんですよ。そのまた次に、向こう側にミズドー御嶽というのがあって、ずっと西側にイリカタ御嶽。ここにまたアガリカタ御嶽という所、後ろの方の北の方に、ウイノミネ御嶽があって、この部落をずうっとこう御嶽が周囲を守ってるんですよね。嘉手苅（かでかり）部落はこの神様たちが守っておって、昔々ある時ね、その大津波があったって。大きな津波があった時に、御嶽の神様たちが、全部集まってこう部落の前にみんな出て、嘉手苅部落に津波が来ないようにと、こう手つないでずうっとこうして、津波を入江の方から与那覇湾にして行かしたから、嘉手苅（かでかり）部落は津波は来ないで助かったという話があるんですよ。その証拠らしい跡が今でもありますよ。珊瑚礁の海から上がってきた海にたくさんある珊瑚礁の砂利が、波がこう持ってきたようで、私の畑にああいう砂利がずらあっとこうありますよ。また、こんな津波が持ってきて置いた十人ぐらい二十人ぐらいで抱えるぐらいの大きな岩も私の畑に実際ありますよ。

（聞き取り平成九年九月一六日、小禄和枝・仲宗根由起子聴取、仲松美幸翻字）

## 四 島建て神話

津波のあとは、新しい村作りが始まります。沖縄では島建てといいます。ここに紹介するのは、多良間島から宮古島の皆福《みなふく》に移住した人々の話です。

「多良間島の漂着者」

城辺町皆福　本永朝言（明治四〇年八月一五日生）

今から五、六百年前、多良間島に鳥の言葉の聞けるお爺さんがいました。ある日お爺さんがこの鳥の鳴き声を聞いていると、「多良間島に津波が来るぞー、きっとくるぞー。」と、鳴いていました。それを聞いたお爺さんは、一週間分の食糧を持ち運んで高くて大きい木にしばりつけました。また、大切な子供達をもその上にのせて、住めるような準備をしておきました。そうしているうちに、津波の予告された日がやってきました。お爺さんは、子供達をつれて木に子供達をのせ、自分も鳥と一緒に木の上に登っていきました。やがて、予告通り潮があがり、津波がおし寄せてきました。多良間島の人々や家々は、津波に流されてしまいました。お爺さんや鳥や子供達ののっている木も根こそぎやられてしまいました。その木は、流れ流されて三日の後には宮古本島に漂着しました。そこは、与那覇村という所でした。お爺さん達は、そこで一夜を明かしました。ところが、その村では鳥が鳴こうとしません。それで、平良の方へ行ってみました。ところがそこでも全然鳴きませんでした。今度は狩俣《かりまた》へ行ってみました。しかし、そこでも全く鳴こうとしません。あちこちめぐりめぐって、ンナクズ（注・皆粉地のこと。皆福はこの皆粉地と福嶺の二つの小字からなる）という村に着きました。そこで一晩泊まりました。すると、この鳥が急にさえずり始めました。それでお爺さんは、「ああ、ここが私達の住む場所だ」といって、この村に住むようになりました。これがンナクズ部落の村建ての話だそうです。（『ゆがたい・第4集』宮古民話の会、昭和五九年〔一九八四〕五月）

皆福は、海辺ではなく津波が押し寄せても安全なところであるという趣旨です。これを鳥が教えたという話です。

## 五　大津波の記憶の伝承

最後に、大津波の記憶を島の人々は、伝承話と儀礼で伝えたことに触れましょう。宮古島の島尻では、ナーパイの神話と儀礼です。ナーパイの儀礼は、ウイピヤ御獄という女性神職の司が神を祀る場であるアシャギ場で行われており、村人が竹の笹をもって決められた場所に竹笹を刺して村を周遊し、大津波が来るのを防ぐ儀礼です。佐渡山安公の解説による由来神話が、教育委員会の手で掲げられています。その伝承を紹介します。

昔、男はテコク（天てこく）、女はボナサラ（天のふなさら）という夫婦がいたが、波でなくなりました。生き残った一人息子のサニャーワズは、竜宮からきた女神ムマニャーズ（むまの按司）と結ばれ、7男7女に恵まれました。子供たちが成長すると、ムマニャーズは、使命は終わったとして、津波除けの方法を教えて、竜宮へ帰ってしまいました。それがナーパイ行事（旧暦三月初酉の日）の始まりだとされ、マイウイピャーを中心に行われます。祭神は、マイウイピャーは「むまの按司《あじ》（む母の按司）」、クスウイピャーは「さねち大ち（佐阿祢大氏）」、ウイウスは、長男で鉄の農具を普及させた農耕・穀物の神「金殿」です。『雍正《ようせい》旧記』（一七二七年）、『宮古嶋記事仕次《しつぎ》』（一七四八年）に記録があります。

## 六　まとめに変えて―宮古の人々の思い切りのよさ

さて、宮古島・島尻の、宮国、新里、砂川、友利などの現在の集落は、元島である旧村から海抜八十メートル以上の内陸部に移住して新しい集落を形成しています。それは、次の大津波を予想して被害を発生させないようにするための対策でした。一般に宮古の人々は「思いきりが良い、度胸がある、実行力がある、決断が早い」とされています。大津波対策としては上記の伝承を後世に伝えるだけではなく、次に来るであろう災害を予測して新しい集落を形成しているのです。宮古の人々の果敢な行動力がみられます。

私は、かつて「雨の神と天の神」という伝承を調べたことがあります。(2)長い旱魃《かんばつ》で島の人々が苦しんでいたとき、ある漁師が、雨を降らせるのは、天の神が竜宮の神に命令して、海の水を天に上げさせていたことを知りました。伊良部の元島に旱魃が続いたときに、漁師は天の神のまねをして、水を天に上げさせて雨を降らせました。ところが、天の神は命令もしないのに、雨が降ったから竜宮の神を叱責しました。そこで竜宮の神は、騙《だま》されたことを知りました。再び宮古島に旱魃が来たときに、漁師は竜宮の神に雨を天に上げることを命じました。ところが、その時に漁師が天の神に変わって命令をしていることを知り、この漁師を追いかけました。ところが、伊良部の御嶽の神は、この漁師の逃げていく行き先を、嘘を言って助けました。怒った竜宮の神は、伊良部の元島に疫病を撒き散らして、元島を壊滅させたのです。そこで伊良部の集落の人々は、旧村を捨てて現在の新しい集落に移りすんだのです。私は、旧稿を執筆した段階では、この新しい集落に移住したという意味が理解できなかったし、そこに重きを置くことができませんでした。「雨の神と天の神」の伝承の比較研究に終始しただけでした。しかし、災害を防止するために、宮古の人々が、伝承を現在に伝えるとともに、災害を避けて移住するという、ダイナミックな行動をとっていたことを、今回の調査で理解することができました。

この宮古の人々の精神性に気づかせてくれたのは、安里和子氏です。民俗文化の理解の仕方を学ばせていただいたことに謝意を表したいと思います。なお、この論文は佐渡山安公氏の指導と親切な案内によるものです。最後に謝意を捧げます。

【注】

1　桑江克英『球陽』訳註　三一書房、一九七一年。

2　丸山顕徳『沖縄民間説話の研究』勉誠出版、一九九三年。

# 国語・理科・社会に見る「稲むらの火」

多比羅拓

「稲むらの火」は地震の後の津波を前に、稲の束に火をつけて村人を誘導し、避難させる話です。江戸時代に和歌山県広《ひろ》村（現・広川町）で起こった出来事を元にしており、戦前の国定教科書の時代に教科書教材となりましたが、平成二三年度から新学習指導要領に伴う教科書改訂に際し、国語（光村図書）、理科（啓林館）、社会（東京書籍・日本文教出版）の三教科（五社）でこの話が取り上げられることになりました。

改めて言うまでもなく、平成二三年三月一一日には東日本大震災がありました。自然の力の前に感じる非力さや日頃の備えの重要性を始め、その日を境に「あたり前」に感じていた現代の生活すべてが「あたり前」ではなくなってしまうように感じさせる、文字通り衝撃的な出来事で、簡単に忘れることはできません。

しかし、時間というものは恐ろしいもので、これまで幾度となく襲われてきた震災や津波の記憶について、長い時間が経過する中で次第に薄れてしまい、震災後にその意義が再発見されるという事が相次ぎました。百人一首で有名な「契りきな　かたみに袖を　絞りつつ　末の松山　波越さじとは」にも詠まれた歌枕、宮城県多賀城市の「末の松山」には、今回の震災でも津波がそこまで押し寄せることはありませんでした。八六九年に東北で起きた貞観地震の記憶が詠み込まれていたものが、伝承の過程でいつのまにか多くの人に忘れられてしまったのかも知れません。

今回の「稲むらの火」の再掲は震災前の編集ですので、震災後の再発見とは異なります。しかし、ひとつの伝承としての「稲むらの火」がどのような形で教科書に取り上げられ、どのように意味づけられているのかを、見ていきたいと思います。

## 一　中井常蔵の応募作をもとにした「稲むらの火」

まずはじめに「稲むらの火」という話について整理しておきます。

「稲むらの火」は小学校の教員であった中井常蔵が、国定教科書の教材の公募に際して小泉八雲「A LIVING GOD（生き神様）」を元に書き下ろして応募、昭和一一～一二年の第四期国定教科書のうち「小学国語読本」巻十に掲載されました。投稿時には「燃ゆる稲むら」というタイトルでしたが、掲載にあたった「稲むらの火」と改題されたようです。話のあらすじは次の通りです。

「これはただごとではない」と今まで経験したことのない不気味な地震に気づき、海を見た五兵衛は引き潮を目にします。津波を予感するも、村人は祭りの準備で気づいていないようです。五兵衛は刈り取ったばかりの自分の田の稲束全てに火をつけて走ります。それに気づいた村人は、祭りの支度をやめて火消しにやってきますが、五兵衛は若者達に津波の到来を告げ、高台にある五兵衛の家への避難を村人全員に告げるよう指示します。村人達はぞくぞくと高台の五兵衛のもとへやってきて、夕闇の稲むらの火が照らす中、五兵衛の前へひざまずきました。

この作品は、中井の出身地である広川村で起こった浜口梧陵（浜口儀兵衛）の話が元になっています。

しかし実際の浜口梧陵の働きをそのままに教材化したものではありません。中井も自分の出身地の偉人の浜口梧陵の史実については十分に了解していました。村人の誘導の方法や堤防の構築といった功績より、むしろ小泉八雲の「生き神様」の影響を強く受け、主人公の名前も「儀兵衛」ではなく「五兵衛」となっているなど、史実と異なるところは多くあります。中井は次のように述べています。

五兵衛は勿論儀兵衛の事ですが、当選直後杉村楚人冠先生から親書を寄せられ「なぜ本名の儀兵衛にしなかったか」とお叱りを受けましたが、私は八雲の原文から戴いたものですから原文に忠実でありたかったのでとお詫びした一幕もありました。（中井「稲むらの火」執筆の思い出）

教師用資料の「教材の趣旨」には、

「水兵の母」「姿なき入城」などの前教材に於いて、溢れるばかりの愛国の至情を感得したのであるが、本教材では、その余情を受けて、郷土・村民を愛護するために尊き犠牲的精神を発揮し、天災地変の間によく多くの人命を救助した五兵衛の崇高な行為に共感させようとするものである。

とあり、五兵衛の「尊い決死的な犠牲精神と、愛に満ちた勇敢な行為」「『ただだまって、五兵衛の前にひざまづいて』深く感謝している村人の謙虚な真実な姿」「『風にあふられて』『もえあがる』稲むらの火に照らされて立っている五兵衛の神々しい姿」などに焦点を当てるものとなっています。また、小泉八雲の原話からそのような要素を強調し積極的に取り入れた中井の姿勢が、採用教材間の「愛国の至情」の「余情」として「犠牲的精神」と合致し、教科書への採用に結びついたことも考えられます。

実際の話と小泉八雲「生き神様」との相違は、気象庁のＨＰ「稲むらの火」に簡単にまとめられています（資料）。中井常蔵「稲むらの火」の設定は「生き神様」と同じですが、「稲むらの火」での名は「五兵衛」のみで「浜口」姓はなく、時代・場所については一切書かれていません。

資料　実話と「生き神様」の主な相違

| | 実話 | 「生き神様」 |
|---|---|---|
| 名前 | 浜口儀兵衛（梧陵） | 浜口五兵衛 |
| 年齢 | 35歳 | 老人 |
| 浜口家の住居 | 低い低地の集落 | 高台 |
| 村の宵祭 | なし | あり |
| 村人 | 1323人 | 400人 |
| 地震の揺れ | 激震 | 長くゆっくりした揺れ |
| 稲むらに火を放った理由 | 漂流者に安全な場所を知らせるため | 村人に津波襲来を知らせるため |

また、タイトルの「燃ゆる稲むら」から「稲むらの火」への変更により、実際に燃えている「稲むら」の具体的な対象から「火」というやや広義の現象へと主眼が移っています。「火」はかつて「思ひ」の「ひ」との掛詞として使われた言葉でもあります。「……の火」という言い回しに、その「火」が単なる火ではなく、稲むらに込めた「村人を救いたい」という五兵衛の強い意志が重なりあう点も重要だったのではないでしょうか。

## 二　『わくわく理科　6』（啓林館）の「稲むらの火」

理科では唯一の掲載教科書です。「大地のつくりと変化」という単元、「地しんによる大地の変化と災害」を調べるところで、「稲むらの火」が紹介されます。本時の目標は「地震によって起こった大地の変化や災害などに関心を持ち、調べようとする。」と設定されています。

「稲むらの火」は「理科の広場」という記事の中で、「地しんの後に濱口が中心になってつくったてい防（広村てい防）」の写真とともに紹介されています。

昔の地しんの記録を知ることは、これから起こる地しんに備えるために、とてもたいせつです。例えば、一八五四年に起きた安政南海地しんでは、和歌山県広村（今の広川町）を、夕方から夜に書けて、高さ五ｍの津波（地しんによる高い波）がおそいました。このとき濱口梧陵は、自分の田のイネに火をつけて、人々を高台に導きました。このことは「稲むらの火」として今も語りつがれています。

▼もし今、自分たちの地域で地震が起きたら、どんな災害があると考えられますか。また、災害を少なくするには、どんな方法がありますか。

該当頁および次頁には地震による山崩れや断層の写真や説明があり、単元自体は「大地の変化と災害」で言うところの前者「大地の変化」に重点が置かれています。「稲むらの火」は地域の「災害」分野における調べ学習の一例という位置づけです。ここに挙げられた話は中井「稲むらの火」の内容そのままです。

## 三　『新しい社会　五年下』（東京書籍）の「稲むらの火」

社会科では二社で掲載しています。まず『新しい社会』では、「地域のみんなで災害を防ぐ」という単元、「自然災害から身を守るために、自分たちがしなければならないことについて理解する」が「本時のねらい」です。

教科書には地域の住民の防災意識を高める例として、宮崎県日之影町の例と併せて「村人を津波から救った濱口梧陵」という記事が紹介されます。

一八二〇年、和歌山県広村（現在の広川町）に生まれた濱口梧陵は、一八五四年の安政南海地震にあいました。地震が起きたあと、高台にある家から海側を見て、急に波が引いていくのがわかり、津波の危険を感じて、自分の家にあるまだ稲の実がついているわらたばに火をつけました。その火で、村人の高台へのひなん路を示し、地震の被害を減らしたのです。

地震のあとに梧陵は、自分のお金で、高さ五m、長さ約六五〇mもある広村ていぼうをつくりました。このていぼうは、約一〇〇年後の一九四六年（昭和二一）年（原文ママ）の昭和南海地震で起きた津波を食い止め、人々を救ったのでした。（傍線・波線引用者）

ここでは直接「稲むらの火」という言葉は用いていません。「稲むらの火」にはない地震後の堤防の話も併せて紹介しています。全体として浜口梧陵の事績の紹介の形を取っており、伝承という色合いは少ないように見えます。「高台にある家」「自分の家にある…稲の実がついている」（傍線部分）は中井「稲むらの火」、「わらたば」「ひなん路を示し」（波線部分）は史実で、資料の扱いにやや混同が見られます。防災のための調べ学習となっている点は、教科は異なりますが、『わくわく理科』と重なっています。

## 四　『小三・四下』（日本文教出版）の「稲むらの火」

社会科二つめ『小三・四下』は『新しい社会』とは単元・内容が大きく異なり、興味深いものになっています。

「地いきのはってんにつくした人々」という大単元のうち、「よみがえらせよう、われらの広村」という単元で「地域の発展に尽くした先人の具体的事例」として浜口梧陵が取り上げられています。単元構成は次のようになっています。

①　浜口梧陵はどんなていぼうをつくったのか
お話「稲むらの火」／見学する計画を立てる／広川町の見学、浜口梧陵のあとをたずねる

②　ていぼうはどのようにしてつくられたのか
津波のひ害をたしかめる／津波に負けないていぼうをつくる

③　浜口梧陵はわたしたちに何を残してくれたのか
今のわたしたちのくらしと浜口梧陵

ここでの「稲むらの火」の扱いは、「お話『稲むらの火』」から始まり、「この話は浜口梧陵の働きをモデルにしてつくられたそうだよ。梧陵は、大津波のあとでていぼうをつくったんだって。」という紹介とともに、「稲むらの火」の全文が掲載されています。この全文は何カ所か国定教科書と異なる箇所も見受けられますが、ほぼ同じと見なして良いと思います。

単元の展開としては、「稲むらの火」から始まり、浜口梧陵についての調査、資料作り、津波の被害の調査を経ながら、再び「稲むらの火」に戻り、次の検証に入ります。

「稲むらの火」のお話は、東北地方で起こった津波も参考にして書かれたもので、広村を襲った津波とは、少しちがっているところがあります。

そこで、そうたさんたちは、「稲むらの火の館」にあった資料をもとに、表にして比べてみることにしました。

比較の表は前掲の資料の末尾に「火をつけた稲わら」という項目が追加され、「道ばたの稲わら」（本当の話）／「かり取ったばかりのたくさんの稲むら」（お話「稲むらの火」）という点が記載されています。そして、次のようにまとめられています。

お話と実際のひ害には、いくつかちがいがあるけれど、津波の後、ていぼうづくりをおこなったことなど、梧陵のはたらきは、ちいきのひとにとってとてもたいせつなことだったんだね。

教師用資料には「本当の話とお話に違いがあっても、梧陵が村人に津波を知らせ、村人を助けるために稲むらに火をつけた行動そのものは変わらない。このことについて、それぞれ考えさせたい。」とあります。これは、地元の偉人の史実を知りながら、敢えて小泉八雲の話を元にした中井常蔵の姿勢と共通するものです。

一方で「稲むらの火」と調べたこととの比較に際して、「学年の発達段階や、子どもたちの実情をふまえてのことではあるが、ここでは、あたえられた資料をうのみにしないことも大切である、という体験を子どもたちにさせてみたい。」という記載もあります。これは「あたえられた資料」である「稲むらの火」が史実とは異なるという点を暗に指していると思われます。

「あたえられた資料をうのみにしない」ことは、この教材を出発点として、実際に子どもたち自身が図書館やインターネットを用いて調べることを念頭にしているのでしょう。信用に足る出典や資料をきちんと調べ、その裏付けをとっていくことは、これからの情報化社会を生きていく上で非常に重要なことです。

ただ、「稲むらの火」がその引き合いに出される資料として用いられることには、若干の寂しさを感じ得ずにはいられません。広村の青年・浜口梧陵と、どこの村か明示されない老人・五兵衛は別人であり、その正確さを敢えて超えたところに「稲むらの火」という作品の真意があるからです。
とはいえ、「稲むらの火」という話や実際の浜口梧陵のことについて、丹念に調べて検証していくという単元構成は、非常に密度の濃い優れたものになっています。

## 五　『国語　五　銀河』(光村図書)の「稲むらの火」

国語では唯一の掲載教科書です。「伝記を読んで、自分の生き方について考えよう」という単元で、河田恵昭《かわたよしあき》『百年後のふるさとを守る』という文章が浜口梧陵について扱っています。この文章の第一節で、「稲むらの火」の冒頭から途中までが引用されています。第二節以降では当時の資料である『安政聞録』を引いての津波の様子、浜口梧陵(本文では「浜口儀兵衛」)のその後の人生と私財をなげうっての堤防づくり、そして文章のタイトルにある通り、昭和南海地震の話までが描かれます。

「稲むらの火」については、

ここ(引用者注・『安政聞録』のこと)にえがかれた儀兵衛のちえと決断力が、「稲むらの火」の主人公五兵衛のモデルとなったのである。

としており、五兵衛の「すぐれた決断と行動」を浜口梧陵を重ねています。厳密には梧陵と「稲むらの火」の五兵衛の間には前述の通り「生き神様」の五兵衛があるのですが、煩雑になるためか、そこへの言及はありません。

また、教師用資料[筆者の言葉]として、河田恵昭は「大切ないのちを災害でなくさないために」という文章の中で、次のように述べています。

『稲むらの火』は、浜口儀兵衛が乾燥中の稲束に火をつけて津波から村人を救ったという実話に基づくものでした。しかし、そこに書かれていた津波の挙動があまりにもリアルであったために、読者にそれがあたかもいつも真実であるという間違った教訓も与えてしまいました。「津波はいつも引き波で始まる」という誤解です。小学生時代にこの教科書で学んだ高齢者は、今でもそう信じていることが最近の調査で分かっています。でも、津波の第一波が押し波で始まる場合もあるのです。

ここだけ見ると、「稲むらの火」が結果的に間違った教訓を生み出したように受け取ることもできます。直後には、

二〇〇四年インド洋大津波の襲われたインドネシアのシムル島では……歌が残っていました。歌詞は「地震が起こって、強い揺れで立っていられないようなとき、津波が来ると思って高台に避難しなさい」というものでした。島民は皆この歌を知っており、インド洋大津波が実際に押し寄せる前に、約八万人の島民が高台に避難し、津波で死亡した島民は二名にとどまりました。

とあるため、「稲むらの火」の「津波はいつも引き波で始まる」という「間違った教訓」と、シムル島の「強い揺れで立っていられないようなとき、津波が来ると思って高台に避難しなさい」という〝正しい教訓〟が対比的に位置づけられ、正確な知識の重要性を強調する文章になっています。

「稲むらの火」にしても浜口梧陵にしても、まず村人を高台に導くという目的があり、その過程でひとつの手段に用いたのが火でした。火をつけることは確かにこの話の象徴的な行為ですが、単に「稲むらに火をつけて津波から村人を救ったという実話」としてしまうと、これもひとつの「間違った教訓」

を生むことになってしまうかも知れません。

いずれにせよ、この教材での「稲むらの火」の位置づけは、伝承と史実の間の検証という点で『小三・四下』（日本文教出版）と共通するものがあるといえそうです。一方で単元の構成は「伝記を読んで、自分の生き方について考えよう」ですから、テーマは「稲むらの火」に描かれたひとつの出来事ではなくなります。そのような出来事の主人公である浜口梧陵の人生全体に視野を広げて掘り下げようとする意図があるので、そこに教科として特性や相違も当然生じてくるはずです。

## 六　「稲むらの火」と史実と伝承

この「稲むらの火」という話は複雑で多層の問題を抱えた作品と言えそうです。あまり詳述できませんでしたが、小泉八雲は複数の地方の話を前提としながら「A LIVING GOD（生き神様）」を創作しました。そのタイトルの通り、テーマは「生き神様」であり、五兵衛の話の他にも、いくつかの事例を挙げながら話を進めています。五兵衛（Gohei）については、その後長者から極めて貧乏な状態になってまで（原文 "He, their Choja, now stood among them almost as poor as the poorest"）村人を救った五兵衛の魂に神が宿ると人々が見なし、それが西洋人の魂の概念と異なるという指摘が主眼となっています。

続いて、五兵衛のモデル・浜口梧陵と同郷の中井常蔵が「生き神様」を小学生向けに再構成し、「稲むらの火」が誕生します。小泉八雲の「生き神様」が史実と異なることを承知しながら踏襲し、その後の堤防構築についてはやはり触れることはありませんでした。「生き神様」にはあった「紀州の有田」

という地名も現れません。

それに対して、今回の教科書教材で「稲むらの火」を含む単元は、地域の地形の特徴や過去の歴史を正確に知ることや地域ごとに災害に備える必要性、そして実際に堤防構築に尽力した浜口梧陵の人生そのものへの関心が中心となっています。これは、具体的な場所も年代も不明で、史実とも異なる「稲むらの火」とは対照的な姿勢とも言えるものでした。

国定教科書の採択時に「読本教材に取るべきは必ずしも事実でなく、むしろ表現にある」という観点があったと中井は述べています。「稲むらの火」について「事実」を超えた「表現」に踏み込んだ教科・教材は、残念ながら今回はありません。

現代において、事実や正確さに大きな価値を認める傾向は、非常に強いものとなりつつあります。事実や正確さは物事を判断する上で重要な要素で、これをないがしろにすることはできません。それと同時に、伝承や物語には、事実や正確さとは別に価値を断ずる尺度が存在するはずです。「稲むらの火」は、ハーンや中井を介して読まれ、国定教科書教材でなくなった後にも人々の記憶に刻まれ、伝承されていたからこそ、今回の教材化につながったのではないでしょうか。

「稲むらの火」という物語は事実でもってその内容を吟味する話であるかと問われたときに、事実でないことによって価値が減ずるものではないと、やや遠回しな言い方になってしまいますが、信じてやみません。

【参考文献・参考資料】

・海後宗臣編『日本教科書大系　近代編　第八巻　国語（五）』講談社、一九六四年。
・中野好夫編『明治文学全集　48　小泉八雲集』筑摩書房、一九七〇年。
・「稲むらの火ｗｅｂサイト」http://www.inamuranohi.jp/index.html
・「気象庁『稲むらの火』」http://www.seisvol.kishou.go.jp/eq/inamura/p1.html

# 山口弥一郎の東北地方研究

石井正己

## 一　東日本大震災と「日本の固有生活を求めて」

東日本大震災によって、東北地方が着目されるようになりました。しかし、これまでどれほどの人が東北地方に関心を持ってきたでしょうか。津波による甚大な被害を受けた石巻、気仙沼、大船渡、釜石、宮古はまだしも、多くの小さな漁村を知る人はほとんどいなかったはずです。誤解を恐れずに言えば、東北地方は被災地になったことによって、初めてその存在が認識されたと言ってもいいでしょう。それほどに忘れられてきた、と言っても過言ではないと思います。

しかし、「がんばろう東北」の合言葉によって、東北地方全体が被災地のように見なされているとしたら、それは正確ではありません。福島県は津波の被害に加えて、原発事故の被害が重なり、複雑です。津波の被害ということで言えば、茨城県や千葉県にも広がりますし、液状化現象ならば、内陸部にも転々と発生しています。そうしたことを知りながら、「東北」という言葉で一括りに見なしてしまうことは危険です。震災を経ても、東北地方はいまだに具体的に認識されていないことを示すのではないでしょうか。

この間の情報で、「千年に一度の大震災だ」ということまで歴史の認識は進みましたが、そこで思考が停止したままに多くの人が納得しています。しかし、近代になってからでも、明治と昭和の二回の大津波を経験したことが、いったいどのようなことだったのかが認識されたようには思われません。「歴史を参考にしているゆとりはない」と言う人もいるのでしょうが、果たして歴史を省みない復興がうまくゆくのでしょうか。この間の経過を見るかぎり、歴史を無視するほうが新しいデザインを作りやすいと考えてさえいるように見えてなりません。

津波のみならず、原発事故も含めて、復興を構想する際に、なぜこうした被害を起こしてしまったのか、その歴史的な要因を考えることなしに、復興の未来像が描けるようには思われません。そうしたときに、参考にすべき研究の成果として、地理学と民俗学の両方の視野を持って東北地方を歩いた山口弥一郎の遺産は貴重です。この震災が起こる前に、原発事故はもとより、津波に対する危機感を喚起していた研究者はほとんどいません。私の知るかぎり、地理学者や民俗学者の中に、その仕事を評価できるような人は皆無です。

津波は三陸海岸だけで起きるものではありませんし、原発事故も福島だけで起きるものではありません。そうしたことからすれば、津波も原発事故も普遍性を持つ問題です。しかし、そうでありながら、それぞれの地域が背負ってきた歴史と無関係に起こったと考えるのは安易でしょう。当然、復興は一般論だけでは立ちゆかず、地域の個別性とともに進められるべきです。そうした際に、今回の被災地を総合的に捉えてきた東北地方研究は、山口が残した遺産の中にしか存在しないと思われます。

山口は大学に勤務した後、アジアやシルクロードへ研究が広がりますが、東北地方研究を手放すことはありませんでした。時に「山口君はよく珍らしい調査報告文を書くがあれはまだパルプであって、論文にはなっていないね」（『山口弥一郎選集月報』4、一九七二年一一月）と揶揄《やゆ》されたそうです。しかし、一方では、柳田国男が「君は東北地方の峠はほとんど越えたろうな」（「東北地方研究の意味」）と言って、その努力を認めていたのです。多くの「論文」は時代とともに消えていったと思われますが、辛抱強く書きまとめた「調査報告文」が色あせることはありません。

しかし、山口が残した文章の多くは、一般にはなかなか目にすることができないものでした。そうした状況を憂えて、世界文庫から『山口弥一郎選集』が発刊されました。昭和四七年（一九七二）、発刊に際して書かれた「日本の固有生活を求めて——東北研究選集に序して」は、次のように始まります。

われわれは何故に日本の固有生活を求め、その源流を探究しようとするか。勿論、日本本来の姿を極めて、つぎに、新たに発展、建設すべき積みあげを、正しく把握しようとするために他ならない。

決して、東北地方の貧しい、古い生活様式の痕跡を固持しようとする郷愁のためではない。

東北地方の生活を見極めようとする貴重さは、記録で知る歴史より、さらに深く、現実的な、生々しい、日本人の大衆・庶民の生活が、まざまざと、現物の資料として残っているからである。

弓状の本州島が、東北日本で急に緯度に直角に立ち、この高緯度・冷涼で、山勝ちな、自然の重荷に喘《あえ》ぎ、開拓の遅れた、交通の難渋な地域の生活は、西日本の人々は勿論、中央文化地方に住みなれた人々からは、置き去りにされたように、あまりに実状が知られずに過ぎていた。

しかしその生活文化の殆んどは、中央日本より流れ込んできたものであり、隔絶された農・山・漁村の人々、特に古老の方々が、これを祖先よりの遺産、日本人の固有生活と信じこみ、頑なに、永く持ち続けてきた。無雑作に棄て去らなかったために、辛うじて残されたこの生活を採録し、日本民族の固有生活の片鱗なりを、現物で掴んで系統立ててみたい。そして日本人の行方を、あやまたないで見通したい。

東北地方には、「日本の固有生活」が「現実的な、生々しい、日本人の大衆・庶民の生活が、まざまざと、現物の資料として残っている」ところに価値があるとします。それが「日本の固有生活」であるかどうかの是非はともかく、「それを現物で掴んで系統立ててみたい」という希望を述べてやみません。「西日本の人々は勿論、中央文化地方に住みなれた人々からは、置き去りにされたように、あまりに実状が知られずに過ぎていた」という認識は、それから四〇年が経った今もそう変わっているようには思われません。

## 二　『山口弥一郎選集』の構成とその特質

『山口弥一郎選集』の構成は次のようになります。詳細な「内容一覧」は末尾に載せましたので、参照してください。選集のために新たに活字を組んだ部分とともに、すでに発行された著書や論文を複写して掲載した場合もあります。第一二巻巻末の「著作年年表」と照らし合わせることで、それぞれの発表時期を押さえることが可能です。

第一巻　共同体村落の研究（世界文庫　昭和四七年五月二〇日発行）

第二巻　村の生活と発達（世界文庫　昭和四七年九月一五日発行）
第三巻　開拓と地名（世界文庫　昭和四七年七月一五日発行）
第四巻　寄寓・帰郷採録（世界文庫　昭和五〇年一〇月二八日発行）
第五巻　生活と機構（上巻）（世界文庫　昭和四九年五月二〇日発行）
第五巻　生活と機構（下巻）（世界文庫　昭和四九年九月三〇日発行）
第六巻　凶作と津波（世界文庫　昭和四七年一二月二〇日発行）
第七巻　衣・食・住（世界文庫　昭和四八年一月二八日発行）
第八巻　伝統工芸（世界文庫　昭和五一年二月二八日発行）
第九巻　民間信仰（世界文庫　昭和五六年九月四日発行）
第一〇巻　福島県の民俗芸能（世界文庫　昭和四八年九月一日発行）
第一一巻　東北地方の特性（世界文庫　昭和五五年三月二〇日発行）
第一二巻　東北地方の諸問題（世界文庫　昭和五五年一一月二〇日発行）
別巻一　東北地方研究余録（世界文庫　昭和五五年二月一一日発行）

昭和四七年五月から刊行が始まり、昭和五五年（一九八〇）一一月に刊行が終わっていますので、八年半ほどの歳月がかかったことになります。当初は全一〇巻の構成でしたから、発刊の間にやや膨れたことがわかります。山口は昭和三八年（一九六三）から亜細亜大学に勤め、昭和四七年からは創価大学に勤務しています。古稀の記念と亜細亜大学の退職が選集刊行の機縁でしたが、この選集には東北地方研究の主要な著作がテーマ別に揃っています。改めて考えてみれば、本田安次の「民俗芸能」のように、特定の分野に絞って東北地方を調べた研究はありますが、これほど広く東北地方研究を行った研究者は見つかりません。

第一巻には昭和一八年（一九四三）の『二戸聞書』、第二巻には昭和三〇年（一九五五）の『東北民俗誌・会津編』、第三巻には昭和三二年（一九五七）の『開拓と地名』、昭和一九年（一九四四）の『東北の焼畑慣行』、第五巻には昭和一七年（一九四二）の『炭礦集落』、昭和一八年の『東北の村々』、第六巻には昭和一八年の『津浪と村』、第七巻には昭和五三年（一九七八）の『民俗学の話』、昭和二二年（一九四七）の『東北の食習』、第一一巻には昭和三四年（一九五九）の『奥州会津新鶴村誌』が入っています。既刊の単行本で入手しがたい文献であり、いずれも名著と言っていいものです。

特に、第四巻の「寄寓・帰郷採録」に収録した「一、江刺の農村生活（寄寓採録）」と「二、会津の農村生活（帰郷採録）」は、この選集で初めて公開された民俗誌です。福島県いわき市における一五年間の生活を離れ、昭和一五年（一九四〇）に岩手県北上市（旧黒沢尻町）に移住しましたが、昭和二〇年（一九四五）には稲瀬村に移住し、そのときのことをまとめたのが「江刺の農村生活（寄寓採録）」でした。そして、戦後の昭和二一年（一九四六）に故郷の会津に帰り、昭和二三年（一九四八）の退郷までをまとめたものが「会津の農村生活（帰郷採録）」になります。

柳田国男は昭和九年（一九三四）発行の『民間伝承論』の「採集と分類」で、第一部の「目に映ずる資料」を求める「旅人の学」、第二部の「耳に聞える資料」を求める「寄寓者の学」、第三部の「心意感覚に訴へて始めて理解出来るもの」を求める「同郷人の学」という三分類を提示しました。山口が残した民俗誌がそれぞれ第二部と第三部に該当することは言うまでもありません。いわき市における炭鉱集落の研究などは「旅人の学」に過ぎなかったという反省があったようです。この二編はまさに人生をかけた採録だったわけですから、いかに柳田に私淑したかが伺われますし、その理論に基づいた実践的な成果だったことがわかります。

特に「会津の農村生活（帰郷採録）」は、一部分が昭和二二年の『農村社会生活の行方』と昭和二三年の『家の問題』として公刊されましたが、それ以外は原稿のまま筐底《きょうてい》に眠っていたものです。全一四章からなりますが、「第一章　帰郷採録経過」は、希望を抱いた帰郷が挫折し、退郷に至るまでの経緯が赤裸々に書かれています。「私の一生を通して、これ程に軽蔑、侮辱され、肉親の葛藤のみにくさの真只中にさらけ出され、あきれ果てたことはなかった。長男食いつめて故郷に帰り、洋服を脱ぎ棄てて皆と同じな百姓姿になると地位も背景もなく、二十数年研究に専念した頭脳の中の集積など見える筈もなかった」などど綴られます。詳細はお読みくだされればわかりますが、そうした苦悩がその後の民俗誌の記述と表裏一体をなしています。

収録にあたっては、「終戦後の農村・家の崩壊していくさまが、あまり生々しく描かれているので、心にかけながらも、私の生きているうちの公刊は、ほとんど断念している心持ちであった。それほどにも身近かな真実の事項は発表をはばかられる意味もあった。それをあえて整理し、原稿に書き改め、これをこの選集の一冊にまとめあげるのには、私の悲壮なまでの学者としての賭《かけ》がかかっているようでならない。私はもう七十三歳をすでに過ぎている。いくら若い気でいても、世は私を老学者という。柳田師匠の教えを追いつめた郷土人の帰郷による心意現象の採録が、果して遂げられているかの、成果の賭がかかっている思いである」（『山口弥一郎選集月報』9、一九七五年一〇月）と言い添えています。それでも発表を憚った部分というのは、「内容細目」で「旧家の崩壊（十九項目削除）」「無教養な女の感情（十項目削除）」によって判明します。このようにして、郷土人の心意現象を書くことは個人的な問題と抵触せざるをえない、ということを述べた民俗学者は他に知りません。山口は謙遜しながらも、大きな自負を抱いてこの一編を掲載したことがわかります。

## 三　凶作・津波・洪水に関する災害研究

第六巻の「凶作と津波」は、次のような構成になっています。発表時期を示してみますが、不明なものはこの時に公開されたようです。

一、凶作廃村の探訪録（自然的過疎村）
二、天明度に於ける津軽大秋の死絶と再興（昭和二八年一二月）
三、東北地方の凶作廃村考
四、北上山地北部の凶作に対する若干の考察（昭和一七年三月）
五、津浪と村（抄）（昭和一八年九月）
六、津波常習地三陸海岸地域の集落移動（昭和三九年三月～昭和四一年一一月）
七、会津盆地の洪水史（昭和三五年一〇月）

この巻には、昨年（二〇一一）六月に復刊した『津浪と村』が収録されています。しかし「（抄）」とあるように、「序にかへて……三陸の旅」「第一篇　津浪と村の調査記録」「第三篇　家の再興」は入ったものの、「第二篇　村々の復興」が削除されました。第二篇を削除した理由について、「内容細目」で

「(重複につき削除)」とします。

続く「津波常習地三陸海岸地域の集落移動」は、昭和三五年(一九六〇)に理学博士を授与された学位論文でした。『津浪と村』の「第二篇 村々の復興」を「重複」としたのは、この論文を収録したためだとわかります。地理学を学んだ田中館秀三《たなかだてひでぞう》から、学位論文の話が上がったとき、「外国文献にこの種の類書が無く、君の独占場だから、安心して論文をかけ」(「あとがき」)と激励されたそうです。田中館は昭和二六年(一九五一)に逝去していますから、この学位のことは知りませんでした。

山口に『津浪と村』の執筆を促したのは、民俗学を学んだ柳田国男でした。具体的には、「序にかへて」あるように、「君の若さではもう二十年は精進出来る。津浪と村や家の再興の問題は君の領分であるから、手離さずにやつて、心安く読めるやうな本にでもまとめてみよ」と言われたそうです。柳田の学問に経世済民の思想が強くあることはよく知られていますが、民俗学が次第にそうした志を失っていったのに対して、山口にはそれがありつづけました。第七巻の『民俗学の話』は、副題に「柳田民俗学をつぐもの」とありますが、それはこうしたことを意味したのだとわかります。

一方、田中館秀三は、昭和八年(一九三三)に津波と凶作が東北地方を襲った後、「これはジャーナリストは特異・稀有な現象のように取扱っているが、決してそんなものではない。東北地方という自然的基盤が、宿命的にこれを永く背負うてきていることなのだ。この現象が起ると、半年か一年は皆が騒ぐよ。数年が過ぎると誰も関心が無くなって、調査・研究から、皆手を離してしまうものなのだよ。誰かは次の津波が来るまで、冷害凶作が襲ってくるまで、研究をつづけていなければ、東北地方は救われる時がない」(『山口弥一郎選集月報』4)と何度も話したそうです。山口はこの教えを生涯守りぬいたのですが、今回の東日本大震災もまったく同じように推移しています。

この巻のもう一つのテーマは凶作です。「凶作廃村の探訪録」は「旧稿」（「あとがき」）とありますので、発表の機会がなく筐底に眠った原稿だったことがわかります。冷害による凶作によって廃村になった場所を訪ねたのです。陸中藪川村、下閉伊の田野畑・普代、九戸の山根・山形、九戸の種市、三戸、七戸、津軽の廃村を記録しています。津軽の目屋村大秋《たやき》は昭和一八年に訪ねています。

この調査は、「天明度に於ける津軽大秋の死絶と再興」へ発展します。大秋には、天明元年（一七八一）に基図を描き、天明凶作を受けて、寛政八年（一七九六）に当時の実戸数を書き入れた「駒越組大秋村図」が残っていました。六八戸が一八戸になり、五〇戸が減少しますが、うち一戸は増加したので、事実上は五一戸の減少らしいとし、その中に家屋は残っても、死絶空屋敷になった三七戸が含まれると指摘しています。昭和一八年の調査のときは分家を増加して六三戸になっていましたので、その間の変遷を詳しく考察していることになります。

そして、「日本の家や村は全村死絶するような大凶作の災害にあっても、容易に滅びてしまわなかった。そして家系は如何《いか》ようにして継がれ、古屋敷、家、祖先の墳墓を護りつづけているであろうか。われわれはこの歴史と生活を極めてみなくてはならないと思う。この大秋凶作死絶図を検討してみただけでも、日本の家や村の根強い再興ぶりの一斑がうかがわれるであろう。津波や凶作などの大災害に遭遇し、全町、全村荒廃に帰しても、先人の凶作廃村を、自らの手で刻苦再興させた跡を学んで、われわれは力強く、郷土、国土を護りつづけなければならないと思う」と結びます。山口にとって、津波研究と凶作研究は一体化したものだったことがわかります。

また、「会津盆地の洪水史」は、前編は「主な水害記録」「河川の変遷」「盆地の開発」、後編は「河川改修の経過」「盆地洪水の実態と水位、水勢の限界」「河川改修が水災防禦に及ばした効果」などから構成されます。「北陸地方建設局阿賀川工事事務所からの依託調査で、昭和三十五年十月「阿賀川水害経済調査」として小部数タイプ印刷されたもの」であり、それを改題・加筆して収録し、「盆地洪水の特質と防災にお役に立てて戴けば幸いである」（「あとがき」）とします。災害と防災の研究が故郷・会津盆地で展開されたことになります。

山口はこの巻を編集して、「どうも津波災害による集落移転の問題といい、凶作廃村の調査、戦後には水力発電開発による第二巻に掲げた南会津郡只見川《ただみがわ》上流の水没村、田子倉《たごくら》部落の調査といい、現在また会津民俗研究会をつくって、郷里の民俗調査を進めている構造改善、開発計画地域などで急変する生活、過疎村の民俗など、裏目に出た人々の調査のみ追っている観がしないでもない」（『山口弥一郎選集月報』4）とつぶやきました。しかし、それは山口の研究が東北地方に起こった眼前の問題とずっと向き合ってきたことを示すのだと思います。

## 四　復興の基盤に置くべき東北地方研究の成果

第一二巻の「東北地方の諸問題」は、この選集の総括のような一巻です。この巻は、次のような構成になっています。初出の発表時期を併記してみます。

第一章　東北地方研究の意味（昭和四九年七月）
第二章　日本の庶民の固有生活（昭和五〇年三月稿）
第三章　家族制度崩壊の推移（昭和四三年三月稿）

第四章　隠居制と核家族・過疎村の諸問題（昭和四八年一月稿）
第五章　民俗伝承の経路と多様性（昭和五〇年二月稿）
第六章　娘身売りの頃は（昭和四八年八月）
第七章　ふるさとはいずこに（昭和四八年七月）

執筆や発表の時期は、昭和四三年（一九六八）から昭和五〇年（一九七五）までであり、新しい文章を意識的に収録しています。「家族制度崩壊」「核家族」「過疎村」といった同時代の課題を俎上《そじょう》に載せ、「娘身売りの頃は」と回顧しながら、「ふるさとはいずこに」で結びます。東日本大震災で注目された「ふるさと」は、この結びと直結するはずです。

「東北地方研究の意味」には、次のような一節が見えます。

私の特に大半の精力を投じたのは、津波災害防止のための、三陸海岸の集落移動の問題であるが、村が大地に住みつく根強さを思い知らされる思いであった。唐丹《とうに》村本郷など墓地は勿論、村の氏神・屋敷神・路傍の石仏まで皆移転させても、老婆は古屋敷に立寄って思いにふけっていた。過疎の人は都市にた易く流入するように見えるが、そのうわべだけでの現象では解けない。凶作廃村なども幾つか訪ねた。洪水・地辷《じすべ》りなどによる災害地、人工的なダム建設による水没村の移転など、一応は金銭で賠償は済せるが、人間生活が物だけでないことは、後になるほど、しみじみと味わい出してくるようである。

この「人間生活が物だけでない」という指摘は、何度反芻《はんすう》してもいい言葉でしょう。ここに東北地方に暮らす人々の自負があったはずです。今回の東日本大震災にしても、被災地の人々から「人間生活が物だけでない」という思想が消えたならば、もはや東北地方が存在する意味はないでしょう。東北地方が日本に存在する価値があるとすれば、この間の経済発展の中で「人間生活が物だけでない」ことを忘れてしまった人々に、そうしたメッセージを発信できることにあると思います。

さらに、「東北地方研究の意味」では、「東北地方の調査・研究に、執念のように一生を磨りへらし得たのは、東北地方が本州島の北端を占め、高緯度・冷涼、しかも山深い環境に屈しないで生きつづけてきた人々の生活、それは中央から流れこんでくる文化をつぎつぎと積み重ねていって、その温存のなかに生きる人間のきずながあったためではなかろうかと思う」と告白しています。東日本大震災後しきりに言われた「きずな」という言葉も見えます。

また、「日本の庶民の固有生活」には、「九、自然災害と公害」に、「凶作への抵抗」「三陸海岸の津波被害の驚異」とともに、「公害の浸透に対する身構え」があります。そこには、「むつ港での原子力船騒動も決して他人事ではない。関東の東海村から、原子力発電所の設置は北漸して福島県の双葉地方に移っている。私の永い東北地方の調査では、公害という言葉も聞かれなかったし、産業開発の願望に急で、首長選などには、工場誘致が劈頭《へきとう》に掲げられていたものである。それで公害の基礎調査というほどのものは実施していない」と見えます。公害の延長上に原発事故があったと見ることができるはずです。

この巻が最終巻であったことを思えば、ここに示されたいくつかの課題は、当時の東北地方の実情だったと思われます。この巻は昭和五五年の発刊ですから、それから三二年が経ったことになります。

広田湾側面の唐桑町只越―明治29年には60戸中58戸を流出、死者237名、昭和８年には死者10名に止まったが、再び30戸流出の災害にあった。地区を改正、土盛りをし、山腹に集団移転した村である。（48・7・19撮影）　（『山口弥一郎選集　第12巻』より）

その間、東北地方ではこうした課題に対する解決の糸口がなかなか見えないままに手をこまねいて時を過ごし、東日本大震災によって一挙に吹き出したように思われます。

柳田国男は晩年、山口に「君はだんだん東北地方が見えなくなっただろうから、九州に行ってこい。全国的に多くの友だちをもって研究しなければ、東北地方は解けないよ」（「東北地方研究の意味」）と言ったそうです。山口がそれほど深く東北地方にのめり込んでいることを認めながら、その研究が独立独歩であるために孤立してしまわないかと恐れ、視野を広げなければ「日本の固有性の生活」は言えないことを戒めたのでしょう。実に柳田らしい忠告で、それをひたむきに受け止めようとした回答として、この選集は編集されたのだと思います。

この本の最後に山口弥一郎の遺産を紹介したのは、東日本大震災の復興に対する大きな憂いがあるからに他なりません。多くの人々が震災からの復興に群がりましたが、復興支援を掲げた売名行為にしか見えないような活動も目立ちます。どれほど東北地方、とりわけ三陸海岸の生活を知って発言しているのだろうかと疑問を抱くことが少なくありません。そして、何よりも被災地で苦悩する人々が、自らの意志を明確にしていないように思えます。何かをしてくれるのを待つのではなく、絶望の中にも希望を持って生きて行くような、「自発的な復興」が実現できないものかと考えます。

そうした時に、近代に入ってからの東北地方の実情を厳しく見つめた山口弥一郎の遺産は、顧みるべき唯一の拠り所のように思われます。しかし、『山口弥一郎選集』は大学図書館などに眠った状態にあって、多くの人の目に触れるような状態ではありません。読めばわかるように、大袈裟な発言や思いつきの記述はは少しもなく、厳しくも誠実な言葉が散見します。それらは今、被災地の未来を考える上で重要な意味を持つと思います。

やはり自分で東北地方を歩いて調べ、「生《なま》のもの」を書いてきた目は確かです。第七巻の『民俗学の話』に収録した「民俗学の応用価値論」に、「幾度の災害にさらされても、動こうとしなかったのも三陸海岸に住む人々の気持なら、最後に移ろうかと決意して腰を持ちあげるのも、そこに住む人々の気持である」という一節があります。まったくその通りです。この言葉を被災地の方々や原発事故で避難している方々に贈りたいと思います。

## 参考資料

山口弥一郎選集　日本の固有生活を求めて　内容一覧

第一巻　共同体村落の研究（世界文庫　昭和四七年五月二〇日発行）

日本の固有生活を求めて

尻屋の共同体村落

二戸聞書

研究・論文集

津軽十三湖岸の開拓景

陸中胆沢扇状地の散居と生活

マダギ集落の機構と変遷

名子制度の地理的分布

尻屋崎附近の村落

尻屋の夜話

尻労の共産制と漁業権問題

陸奥沿岸の納屋聚落の発達

津軽の宇鉄

出稼ぎの小泊村下前

戸賀の出稼

屋号による久喜の考察

共同体漁村の小袖

名子と縁族の漁村の形態

北上山地に於ける山村の生活

出作りと出稼ぎ集落

陸中の散村における屋敷と耕地

名子制度の分布

陸中八重畑村の名子制度

第二巻　村の生活と発達（世界文庫　昭和四七年九月一五日発行）

日本の固有生活を求めて

東北民俗誌・会津編

集落の構成と機能

第三巻　開拓と地名（世界文庫　昭和四七年七月一五日発行）
日本の固有生活を求めて
一、開拓と地名
二、東北の焼畑慣行
三、論文集
東北地方の焼畑
第四巻　寄寓・帰郷採録（世界文庫　昭和五〇年一〇月二八日発行）
一、江刺の農村生活（寄寓採録）
二、会津の農村生活（帰郷採録）
第五巻　生活と機構（上巻）（世界文庫　昭和四九年五月二〇日発行）
日本の固有生活を求めて
一、炭礦集落
二、東北地方の市場
三、会津の木地小屋
四、街村形都市の計測（家屋密度・店舗密度）
五、東北の村々（抄）
第五巻　生活と機構（下巻）（世界文庫　昭和四九年九月三〇日発行）
日本の固有生活を求めて
五、東北の村々（続）
六、会津地方に於ける集落の発達
七、小野新町に就て
八、会津盆地に於ける核心集落の分布
九、福島県に於ける若干の市場
十、東北の市場
十一、山村に於ける人口置換現象
十二、農村に於ける死亡状態の一例

十三、東北地方人口問題協議会報告
十四、東北地方に於ける農業者及非農業者の人口比較（予察）
十五、密度計測に依る地方都市考察の一例
十六、街村形地方都市調査の一方法
十七、標式的街村山形県天童町の調査
十八、連鎖状街村型地方都市八戸市の家屋密度
十九、陸奥湾西岸街村の家屋密度の形態
二十、阿武隈山地に於ける縁故下戻公有林に依存する山村の経済地理

第六巻　凶作と津波（世界文庫　昭和四七年一二月二〇日発行）
日本の固有生活を求めて
一、凶作廃村の探訪録（自然的過疎村）
二、天明度に於ける津軽大秋の死絶と再興
三、東北地方の凶作廃村考
四、北上山地北部の凶作に対する若干の考察
五、津浪と村（抄）
六、津波常習地三陸海岸地域の集落移動
七、会津盆地の洪水史

第七巻　衣・食・住（世界文庫　昭和四八年一月二八日発行）
序文
一、民俗学の話
二、東北の食習
三、福島県の生活誌
四、野良の美装
五、食生活最低基準の実態調査
六、米の過食の問題
七、ビタミンCの端境期
八、東北地方の稗
九、住宅改善の問題
十、植栽禁忌の問題
十一、エジコと育児
十二、子供と自然の玩具
十三、人身売買

十四、女の農業

十五、嫁姑論

第八巻　伝統工芸（世界文庫　昭和五一年二月二八日発行）

伝統工芸編について

第一章　会津塗

第二章　会津本郷焼製作過程記録

第三章　会津絵蝋燭製作記録

第四章　会津漆蝋製造過程

第五章　東北地方の木地屋の分布

第六章　会津・中通り地方の民俗誌

第七章　標式的街村山形県天童町の調査

第八章　みちのくのデコ屋敷

第九巻　民間信仰（世界文庫　昭和五六年九月四日発行）

一、はじめに

二、おしんめいさま図録と解説

三、あんば大杉大明神信仰

四、福島の切支丹

五、おしんめいさま信仰の南限

六、いわき地方のしんめいさま（和田文夫寄稿）

七、猪苗代湖南地方のおしんめ信仰（橋本武寄稿）

八、みさやまの話

九、民俗芸能にみられる民間信仰

十、おしんめいさま聞書（鹿野正男寄稿）

十一、東北地方の民間信仰

十二、会津地方の民間信仰

十三、郡山地方のおしんめいさま聞書（鹿野正男寄稿）

十四、おしんめいさま写真と解説

東北研究選集十二巻の終刊に際して

第一〇巻　福島県の民俗芸能（世界文庫　昭和四八年九月一日発行）

日本の固有生活を求めて

第一章　民俗芸能の特色と分類
第二章　三匹獅子舞系統
第三章　神事能
第四章　田植踊り
第五章　風流踊り
第六章　念仏踊りの系統
第七章　特殊祭礼
第八章　小歌踊りと民謡
第九章　その他の民俗芸能
第十章　福島県の民俗芸能目録
第一一巻　東北地方の特性（世界文庫　昭和五五年三月二〇日発行）
第一編　町村史
第一章　奥州会津新鶴村誌
第二編　郷土—東北地方＝日本の固有文化をシルクロードに求めて
第一章　本州島の北端東北地方の特性
第二章　郷土史研究と民俗学の課題
第三章　福島県の生活
第四章　流域をたどる歴史
第五章　東北霊山と修験道
第六章　日本の庶民生活の固有性
第七章　会津文化の源流をシルクロードに求めて
第一二巻　東北地方の諸問題（世界文庫　昭和五五年一一月二〇日発行）

第一章　東北地方研究の意味
第二章　日本の庶民の固有生活
第三章　家族制度崩壊の推移
第四章　隠居制と核家族・過疎村の諸問題
第五章　民俗伝承の経路と多様性
第六章　娘身売の頃は
第七章　ふるさとはいずこに
資料(1)　地理民俗採集ノート索引項目
資料(2)　著作年年表
別巻一　東北地方研究余録（世界文庫　昭和五五年二月一一日発行）
　余録刊行にあたって
一、わが国土　第二巻　東北地方
二、小説　ただみ川
三、風そよぐみちのくに生きる　妻の日記
四、橋本武「民俗誌序文集」

# 講演者・執筆者紹介

## 小泉武栄（こいずみ・たけえい）

一九四八年生まれ。東京学芸大学教育学部教授。理学博士。

著書に『山の自然学』（岩波新書）、『日本の山はなぜ美しい』（古今書院）などがある。

## 矢部敦子（やべ・あつこ）

一九五八年生まれ。日本民話の会。父方の祖母から昔話を聞いて育つ。

民話集に『矢部敦子の語りの世界』（日本民話の会）、『矢部敦子の語り』（悠書院）、CDに『昔話ふるさとへの旅・和歌山』（キングレコード）がある。

## 川島秀一（かわしま・しゅういち）

一九五二年生まれ。神奈川大学大学院歴史民俗資料学研究科特任教授。博士（文学）。

著書に『ザシキワラシの見えるとき』（三弥井書店）、『津波のまちに生きて』（冨山房インターナショナル）がある。

## 横山幸子（よこやま・さちこ）

一九三一年生まれ。梁川ざっと昔の会会員。

著書に『梁川ざっと昔かるた（解説本付）』、『切話しおばさんのむかしむかし』（シーアイエー株式会社）がある。

## 野村敬子（のむら・けいこ）

一九三八年生まれ。民話研究者。國學院大學栃木短期大学講師。

著書に『語りの廻廊―聴き耳の五十年―』（瑞木書房）、論文『昔話と女性』、『中野ミツさんの昔話』、『岩波講座　日本文学史　第17巻』所収の論文がある。

## 岩本由輝（いわもと・よしてる）

一九三七年生まれ。東北学院大学名誉教授。経済学博士。

著書に『近世漁村共同体の変遷過程―商品経済の進展と村落共同体―』（御茶の水書房）、『もう一つの遠野物語（追補版）』（刀水書房）がある。

## 小野和子（おの・かずこ）

一九三四年生まれ。みやぎ民話の会顧問。宮城県を中心に、四〇年余り民話採訪を続けている。

著書に『みちのく民話まんだら―民話のなかの女たち』（北燈社）、『長者原老媼夜話』（評論社）がある。

## 庄司アイ（しょうじ・あい）

一九三四年生まれ。みやぎ民話の会会員、やまもと民話の会会員。

著書に『司馬さんの昔ばなし』、『荒保春のむかし・伊達最南端に語りつぐ』がある。

## 和久津安史（わくつ・やすし）

一九六〇年生まれ。昔話伝説研究会会員。

論文に「弁慶の笈」（野村純一編『伝承文学研究の方法』、岩田書院）がある。

## 阿部幹男（あべ・みきお）

一九四七年生まれ。

著書に『東北の田村語り』『東日本貞任伝説の生成史』（共に三弥井書店））がある。

## 千葉信胤（ちば・のぶたね）

一九六二年岩手県平泉町生まれ。一九八六年より平泉郷土館の学芸担当。二〇〇八年より同町世界遺産推進室に勤務。現在平泉文化遺産センター所長補佐を兼務。

「子供の本と義経」ほか、情報誌『かぐらの「わ」』を企画・編集・執筆。

## 山口大二郎（やまぐち・だいじろう）

一九四二年生まれ。習志野市国際交流協会理事。

## 高津美保子（たかつ・みほこ）

一九四九年生まれ。日本民話の会。

著書に『檜原の民話』（国土社）、絵本『白雪姫』（ほるぷ出版）がある。

## 丸山顕徳（まるやま・あきのり）

一九四六年生まれ。花園大学特任教授。文学博士。

著書に『日本要異記説話の研究』（桜楓社）、『口承神話伝説の諸相』（勉誠出版）がある。

## 多比羅拓（たひら・たく）

一九七五年生まれ。八王子学園八王子高等学校教諭。

『遠野物語辞典』の編集に携わり、「鷺流狂言伝書保教本の注記に関する考察」などの論文がある。

## 編者紹介

石井正己（いしい・まさみ）
1958年、東京生まれ。東京学芸大学教授。日本文学・口承文芸学専攻。単著に『絵と語りから物語を読む』（大修館書店）、『図説・遠野物語の世界』『図説・日本の昔話』『図説・源氏物語』『図説・百人一首』『図説・古事記』（以上、河出書房新社）、『遠野物語の誕生』（筑摩書房）、『桃太郎はニートだった！』（講談社）、『『遠野物語』を読み解く』（平凡社）、『柳田国男を語る』（岩田書院）、『遠野の民話と語り部』『柳田国男と遠野物語』『物語の世界へ』『民俗学と現代』『『遠野物語』へのご招待』『柳田国男の見た菅江真澄』『昔話と観光』、編著に『子どもに昔話を！』『昔話を語る女性たち』『昔話と絵本』『昔話を愛する人々へ』『昔話にまなぶ環境』『児童文学と昔話』（以上、三弥井書店）、『遠野奇談』（河出書房新社）、『新・国語の便覧』『国語の窓』（以上、正進社）、共編著に『柳田国男全集』（筑摩書房）、『全訳古語辞典』『全訳学習古語辞典』（以上、旺文社）、『近代日本への挑戦』『東北日本の古層へ』『津浪と村』（以上、三弥井書店）、監修に『マンガなるほど語源物語』（国立印刷局）、『遠野物語辞典』（岩田書院）など。

震災と語り

平成24年10月12日　初版発行

定価はカバーに表示してあります。

©編　者　　石井正己
発行者　　吉田栄治
発行所　　株式会社 三弥井書店
〒108-0073 東京都港区三田3-2-39
電話 03-3452-8069
振替 0019-8-21125

ISBN978-4-8382-3230-7 C0037　　製版・印刷エーヴィスシステムズ